Collection Littérature
dirigée par André Vanasse

Une écriture
de La Passion

Robert Harvey

Kamouraska d'Anne Hébert:
Une écriture
de La Passion
suivi de
Pour un nouveau *Torrent*

Cahiers du Québec Collection Littérature

Hurtubise HMH

*Le Conseil des Arts du Canada
a accordé une subvention pour
la publication de cet ouvrage*

Maquette de la couverture:
Pierre Fleury

Photo de la couverture:
Kéro

Photocomposition:
Atelier LHR

Editions Hurtubise HMH, Limitée
7360, boulevard Newman
Ville LaSalle, Québec
H8N 1X2
Canada

Téléphone (514) 364-0323

ISBN 2-89045-514-9

*Dépôt légal / 1ᵉʳ trimestre 1982
Bibliothèque Nationale du Québec
Bibliothèque Nationale du Canada*

Imprimé au Canada

À Lise et Tristan,
pour avoir attendu malgré tout…
mon retour de *Kamouraska*.

Remerciements à M. Gilles Marcotte pour sa lecture patiente et minutieuse de mon texte sur *Kamouraska*.
Ses remarques et commentaires auront servi à «baliser» une entreprise des plus périlleuses.

Table des matières

Avant-propos............................ 1
Kamouraska d'Anne Hébert:
Une écriture de La Passion 3

Introduction............................ 5

Chapitre premier — *Les narrateurs*.............. 17
    Les quatre narrateurs 19
    Premier narrateur: Elisabeth Rolland......... 21
    Deuxième narrateur: Le narrateur omniscient... 23
    Les transitions 24
    Troisième narrateur: La «Voix» 27
    La «Voix»: un témoin collectif 34
    Quatrième narrateur: Jérôme Rolland 35

Chapitre II: *Les niveaux de récit* 37
    Elisabeth Rolland / Tassy:
    narratrice et protagoniste 41
    La narration du second niveau de récit 43
    Le statut narratif........................ 44
    Les personnes grammaticales 48
    Le discours théâtral du récit second 59

Chapitre III: *Le temps du récit* 67
    Récit premier / Récit second 69
    Récit second............................ 75
    Anachronies narratives.................... 81
Chapitre IV: *Le rituel commémoratif*............. 89
    L'intemporalité mythique 91
    La spirale 101

Conclusion............................. 115

Pour un nouveau *Torrent*...................... 129
    Des personnes mythologiques 133
    L'«Economie du Salut» 135

Le fait divers 140
Le «domaine», comme lieu de langage 142
Au-delà du mythe de l'intériorité. 147
Le «présent» du narrateur 151
La quête 155
Amica 158
Le chassé-croisé 163
La «faute» 167
La «fouille» d'Amica 173
La contemplation de l'«image» 177

Annexe I 187
Annexe II 190
Annexe III 192
Annexe IV 194
Annexe V 197
Annexe VI 200
Annexe VII....................................... 202
Annexe VIII...................................... 204

Bibliographie 207

Avant-propos

Il peut paraître étrange à première vue qu'on ait situé l'analyse du *Torrent* consécutivement à celle de *Kamouraska,* inversant ainsi l'ordre chronologique de parution des œuvres. Il faut y voir l'expression même d'un raisonnement critique qui, pour être discursif au plan de l'analyse, n'en reste pas moins intuitif au plan de la démarche entreprise pour y arriver.

C'est un intérêt premier et particulier pour *Kamouraska* qui aura déterminé ce mode de lecture à la fois rétrospectif et prospectif de l'œuvre. Comme si le fait de l'interroger en son centre — celui des œuvres en prose — nous avait permis d'en embrasser les tenants et aboutissants dans un texte de mise en abyme.

Par ailleurs, bien qu'on ne retrouve ici que deux œuvres analysées, il est fait mention de plusieurs autres, au cours de notre analyse du *Torrent,* et auxquelles nous nous référerons à l'occasion pour illustrer la fonction matricielle de la structure symbolique du *Torrent* dans l'œuvre d'Anne Hébert.

Enfin, on voudra bien voir dans ce livre l'«aventure d'une écriture», selon le mot célèbre, d'un lecteur «pris au mot» de ce qu'il lisait, surpris, dépassé même dans son attente de ce qu'il allait trouver, amené à son tour par le texte lu à rendre compte de sa «nécessité» rétrospective. Comme la «fatalité de l'œuvre» s'engendrant elle-même à nouveau.

On ne regarde pas impunément le texte. Tôt ou tard, le langage vient réclamer ici ce qu'il avait donné ailleurs. Il crée le «critique», il l'appelle, comme pour en faire le vivant témoin de sa justification absolue dans l'œuvre.

Kamouraska
d'Anne Hébert:
Une écriture de La Passion

Introduction

La «lecture» de *Kamouraska* semble s'être arrêtée depuis le film de Claude Jutra sur certains aspects de l'œuvre au détriment d'autres, plus importants, et même déterminants pour sa compréhension. Cette lacune du film avait été dénoncée à l'époque par une certaine critique soucieuse des dimensions de l'écriture dans l'œuvre, mais sans qu'on précise en quoi le film n'arrivait pas à rendre l'essentiel du texte. Au-delà des querelles futiles et stériles des tenants du «langage des mots» contre ceux du «langage des images» — partage mythique s'il en est un [1] — le lecteur du roman ne pouvait alors tout au plus que réserver son jugement sur le film, quitte à préciser plus tard la nature de son malaise.

Encore faudrait-il d'abord bien connaître ce texte dont on se réclame. Douze ans après la publication de *Kamouraska,* il nous reste encore à donner au roman une interprétation globale qui puisse tenir compte de la structure narrative d'ensemble. Des observations fragmentaires de tout ordre ont pu être émises jusqu'à ce jour [2] sur tel ou tel aspect de l'œuvre, sans qu'on ait pu cependant déterminer la nature des corrélations qui s'établissent entre les différentes composantes par rapport à un véritable «système du texte». [3]

On peut s'étonner devant ce manque de la critique à scruter plus à fond une des œuvres les plus significatives de

---

1 Voir Christian Metz, «Au-delà de l'analogie, l'image», *in Communications* no 15, Seuil, 1970, p. 1-10.

2 Voir les études critiques sur *Kamouraska* à la bibliographie.

3 Chacun des éléments d'une œuvre devant s'inscrire, par son «sens» ou sa fonction, dans un ensemble plus large. Voir Tzvetan Todorov, «Les catégories du récit littéraire», *in Communications* no 8, 1966, p. 125.

6

notre littérature. Du moins, institutionnellement, une de celles qui ont été les plus lues, sans compter les nombreux prix littéraires qui l'on saluée au cours des premières années de sa publication.

Plusieurs raisons pourraient peut-être l'expliquer. On aime assez peu aujourd'hui ce genre de «roman à histoire», et *Kamouraska* semble de prime abord s'y apparenter. Bien sûr, il y a cette complexité narrative du récit. Mais ce déploiement de techniques ne viserait avant tout qu'à créer un effet de vraisemblance. Le discours immédiat exprimerait plus ou moins confusément l'état de rêve d'Elisabeth Rolland. A peu de choses près, l'angoisse du monologue intérieur n'aurait prêté sa forme — son prétexte — à cette «histoire d'amour et de mort» que pour la réactualiser vingt et un ans plus tard.

Aurait-on pressenti la valeur intrinsèque de cette forme chez certains lecteurs que d'autres considérations d'un ordre différent auraient pu encore les détourner d'une lecture seconde. On s'est déjà étonné par exemple que l'auteur ait situé son histoire «si loin de nous», dans ce Québec de la première moitié du XIXe siècle. Alors que les préoccupations immédiates du Québec exigeaient un engagement plus manifeste de la part des écrivains.

Chez d'autres, on regrettera qu'Anne Hébert ait pu traiter d'une des périodes les plus mouvementées de l'histoire des idées au Québec sans profiter de l'occasion pour en inspirer l'action de ses personnages. On passera vite sur ces phrases d'Elisabeth Rolland: «Elisabeth d'Aulnières, veuve Tassy, souvenez-vous de Saint-Denis et de Saint-Eustache! Que la reine pende tous les patriotes si tel est son bon plaisir. Que mon amour vive! Lui seul entre tous. Que je lui sois donnée à jamais» (p. 44). Et l'on conviendra que cet aveuglement d'une certaine bourgeoisie, qui s'exprime ici face aux événements politiques de l'époque, n'est qu'un témoignage de plus ajouté à ses charges. Bien que l'auteur aurait dû peut-être développer davantage dans cette voie, etc., etc., etc.

Par ailleurs, vouloir entièrement expliquer ce choix du XIXe siècle comme contexte historique pour le récit en se référant au fait divers qui l'a inspiré[4] serait fausser les perspectives qui président à la genèse d'une œuvre. Avant d'affirmer le rapport de causalité entre le fait divers et le roman, il importerait d'abord d'expliquer le choix de *ce* fait divers dans l'esprit de l'auteur. C'est la nature des préoccupations littéraires conduisant à privilégier *cet* événement qu'il nous faudrait examiner.

Dans le cas de *Kamouraska,* comme dans celui du *Torrent,* c'est la nature potentiellement symbolique du drame et des acteurs du fait divers qui semble servir de support à l'imagination de l'auteur. Ainsi, ce médecin américain dont parle le fait divers présente déjà en lui-même un grand intérêt. Son expatriation dans ce Québec du XIXe siècle aux lendemains de la Révolution américaine en fera un personnage hétéroclite, sujet à de graves problèmes d'identité au plan social. Eventuellement, le travail d'écriture de l'instance littéraire enrichira

---

4 «J'étais hantée par cette horrible histoire. A partir de cette anecdote qui m'avait vivement frappée, j'ai remodelé les personnages et l'intrigue». Anne Hébert, dans une interview accordée à Betty Duhamel pour le mensuel «Sélection des Librairies», mars 1971.

Françoise M. Dufresne, dans «Le drame de Kamouraska», *revue Québec-Histoire* vol. I no 5-6, mai-juillet 1972, établit un lien de parenté entre cet Achille Taché du fait divers (nom changé pour Antoine Tassy dans le roman) et le grand-père maternel d'Anne Hébert, Eugène Taché, né en 1836. Qu'il soit le petit-cousin de son ancêtre n'est certes pas étranger à l'intérêt qu'elle ait pu porter au départ à cette «histoire de famille», mais n'explique en rien les transformations essentielles qu'elle a fait subir à l'événement. Nous y reviendrons à l'occasion. Lire, en annexe, le compte-rendu de l'époque dans *Le Canadien* du 20 février 1839. On lira également celui de l'abbé Couillard-Després dans son *Histoire de Sorel,* qui demeure intéressant malgré quelques erreurs secondaires.

la fonction de ce matériau signifiant pour en faire la condition existentielle d'un type de personnage symbolique: celui du héros démiurge.

Ainsi il est possible que le contexte historique ait pu servir à d'autres fins qu'à celles de permettre la «peinture d'époque». La lecture évitera donc les interprétations trop réductrices en s'ouvrant d'abord aux sollicitations du texte. Quelles formes prendront ces sollicitations? Voilà ce qui mérite de retenir notre attention dans un premier temps.

Pour nous, l'intérêt spécifique de *Kamouraska* réside dans le *travail d'écriture* rétrospective qu'assume Elisabeth Rolland au cours de son «rêve». La structure narrative de tout le roman atteste cette prédominance de la narration sur l'histoire. Ce qui ne va pas sans accepter la portée signifiante du récit, bien loin de là.

Plus simplement, il s'agit ici de démontrer que les événements eux-mêmes (l'histoire), vécus autrefois par Elisabeth d'Aulnières-Tassy entre sa naissance et l'âge de 20 ans (soit 1839, l'année du meurtre de son mari, Antoine Tassy), comptent pour très peu dans le récit par rapport à cette forme nouvelle — donc ce sens nouveau — qu'ils adoptent en 1860 à travers la narration qu'en fait Mme Rolland dans son rêve.[5] Si une telle observation peut

---

5 Précisons que les termes d'«histoire», de «narration» et de «récit» devront s'entendre au sens de G. Genette dans *Figures III*.

  Histoire: les événements racontés, pris en eux-mêmes, indépendamment de celui qui les raconte.

  Narration: le fait qui consiste en ce que quelqu'un (un narrateur) raconte quelque chose.

  Récit: le «texte» narratif lui-même, soit la forme qu'adoptent les événements à travers le «filtre» de la narration.

  A première vue, il peut paraître arbitraire d'isoler un des trois aspects de la réalité narrative; le récit se donnant toujours à la fois comme histoire et narration, comme discours narratif (récit). D'une part, la narration

d'emblée sembler évidente pour tout récit qui met en scène des souvenirs, on n'a cependant pas fini de s'étonner de ses implications pour l'interprétation du roman qui nous occupe.

De toute évidence, la narratrice du «rêve» cherche à contrôler ses souvenirs par un exercice de distanciation de tous les instants. Ici le passé de l'histoire est repris en charge par le présent qui s'en nourrit et qui, seul, compte. C'est dans cet «interstice» d'un présent atemporel — celui du «rêve» — que nous devons situer la «position» de la narratrice, occupée à un travail de «reconstitution» qu'on ne saurait confondre avec une simple réactualisation du passé.

L'insistance manifeste de l'auteur à caractériser de façon significative cet «espace» de la narration indique ici une certaine lecture obligée du roman. La distance du «point de vue» délimite un cadre à l'action rapportée qui prendra la forme d'une «représentation» tragique du passé. A ce niveau de lecture, le procès intérieur d'Elisabeth Rolland devient pour nous le seul point de repère valable pour comprendre les véritables enjeux de cette histoire.

Par ailleurs, contrairement à la logique du roman traditionnel, l'intrigue dans *Kamouraska* est maintes fois trahie par de multiples anticipations et se révèle dès le début du roman comme secondaire, servant plus de contexte à la narration elle-même que de contenu principal.

---

vit de son rapport à l'histoire qu'elle raconte. D'autre part, l'histoire n'existe pas «en soi, au niveau des événements eux-mêmes»; c'est une convention par rapport à un «ordre chronologique idéal», une abstraction, car «elle est toujours perçue et racontée par quelqu'un» (T. Todorov). Pourtant, la différenciation s'impose, si l'on veut saisir toute la portée de ce déplacement pour l'interprétation du récit.

Après tout, ces souvenirs sont bien connus d'Elisabeth Rolland, trop bien peut-être. Depuis vingt et un ans qu'elle s'y trouve confrontée, même la nuit dans ses rêves. Mais il aura fallu cette nuit de solitude pour qu'elle leur soit livrée sans rémission:

> M'habituer à dormir seule. Supporter l'horreur des rêves. Toute seule, sans le recours à l'homme. Sans le recours de l'homme. Présence d'un corps sous les couvertures. Chaleur rayonnante. L'étreinte qui rassure. Absolution de tout mal, brève éternité, réconciliation avec le monde entier. Mon petit Jérôme, je puis bien te l'avouer maintenant, sans toi je serais morte de terreur. Dévorée, déchiquetée par les cauchemars (p. 30).

Le caractère prédictif pour Elisabeth Rolland des images de son «rêve» est donc très marqué et constitue pour elle un supplice mental au cours duquel elle se voit obligée par ses «juges» à revivre son passé «comme s'il n'y avait jamais eu de première fois» (p. 96). Mais quoiqu'impuissante à changer la structure d'un récit déjà connu pour elle, il lui restera néanmoins, comme nous le verrons plus tard, cette mince marge créatrice des «tours et détours» (p. 224) pour retarder l'inévitable.

On comprendra mieux alors l'hésitation ambiguë du récit à se situer tantôt au niveau de l'histoire du meurtre, tantôt à celui de sa narration. Le mimétisme qui amène parfois la narratrice, Elisabeth Rolland, à trop s'identifier au personnage de son rêve, Elisabeth Tassy, tendra à réduire l'intervalle entre le narré et la narration. Par contre, en retour, la narration cherchera à s'imposer presqu'aussitôt sur le narré par sa fonction de régie.[6]

---

6 Aspect du texte narratif signalé par un discours métanarratif qui marque les articulations, les connexions, les interrelations, soit l'organisation interne du récit. Voir G. Genette, *Figures III*, Seuil, 1972, p. 261-262. La narratrice du récit second est considérée ici comme «écrivant». Voir plus loin.

Ce travail d'«écriture» du personnage-narrateur marque donc l'évolution de l'action principale et doit être analysé dans ses diverses manifestations. Ce qui nous permettra de bien comprendre et d'apprécier l'originalité créatrice dont fait preuve Mme Rolland tout au cours du récit. Narratrice exclusive d'un récit second, raconté en monologue intérieur direct,[7] Elisabeth Rolland exerce sans relâche sur son propre discours la fonction de régie que lui confère sa situation d'autonomie narrative.

Cette conscience qu'elle a d'elle-même comme «écrivant», par son utilisation dans la narration des pronoms personnels en tant qu'éléments d'un jeu réflexif, l'amènera à «organiser le songe» (p. 97), en s'affirmant de plus en plus maîtresse de ses moyens. Si bien que le récit second finit par se constituer lui-même comme «œuvre» dans l'œuvre, jusqu'à désigner cette fois le personnage-narrateur comme «auteur».

Situé à ce niveau de lecture-écriture, l'organisation des souvenirs suit un plan symbolique bien défini. La narratrice se propose d'abord de comprendre toute la signification de ce qui s'est «réellement» passé à Kamouraska vingt et un ans plus tôt, en utilisant les ressources d'un langage rationnel qui lui permet d'articuler chronologiquement les événements. Mais le «procès»[8] du langage auquel on l'a assignée à comparaître, et qui s'annonçait déjà dès le début du roman par une référence

---

7 Discours [immédiat] sans interférence du narrateur omniscient (ou presque) dans la narration. Voir Robert Humphrey, *Stream of consciousness in the modern novel,* University of California Press, 1958, p. 25 (traduction).

8 Ce terme est employé ici dans son sens littéral de «marche», de «développement». Pour Elisabeth Rolland, la fausse représentation, acquise de droit par une longue pratique du dédoublement, lui est dorénavant refusée; et elle doit maintenant en répondre de son usage devant des «juges intraitables» (p. 96).

explicite au Jugement dernier,[9] échappe bientôt à la rassurante linéarité des Mémoires pour atteindre à la bouleversante initiation commémorative[10] du mythe. Désormais, toute l'entreprise d'Elisabeth Rolland devra s'y accorder afin de comprendre le sens de la passion effrénée qui l'habite.

Ainsi, la remémoration, impuissante à nommer l'essentiel, conduira la narratrice à s'établir dans l'intemporalité[11] d'un passé révolu, pour réitérer commémorativement une «action» devenue immémoriale pour l'imagition. A travers les intertextes[12] bibliques et liturgiques qu'elle suscite, la mémoire emprunte alors son langage au rituel chrétien pour consacrer le «sacrifice *célébré* sur la neige» (p. 11) à Kamouraska. L'évocation se fait alors invocation, et la narration, récitation, pour cette fois revivre au présent une toute autre «Passion».

Nous citions précédemment le film de C. Jutra pour en évoquer brièvement les lacunes. C'est précisément par rapport à cette symbolique de l'écriture narrative dont nous venons de parler que nous référions. Le «tableau d'époque» semble avoir prévalu contre cette lecture en filigrane, toute en nuances, où «figure» justement l'originalité de l'œuvre. Non pas à l'insu des personnes en cause,

---

9 «Jour de colère en ce jour-là [dies irae, dies illa]. Le fond des cœurs apparaîtra. Rien d'invengé ne restera» (p. 15-16).

10 La commémoration ajoute à la remémoration l'élément cérémonial qui sacralise l'événement.

11 Caractère de ce qui est étranger au temps, ne s'inscrit pas dans la durée ou apparaît comme invariable.

12 Limite de la notion: éléments structurés antérieurement au texte lui-même, au-delà du lexème, quel que soit le niveau de structuration. «On distinguera ce phénomène, de la présence dans un texte d'une simple allusion ou réminiscence. Chaque fois donc, qu'il y aura emprunt d'une unité textuelle, abstraite de son contexte, et insérée telle quelle dans un nouveau syntagme textuel, à titre d'élément paradigmatique». Voir Laurent Jenny, «La stratégie de la forme», *Poétique* no 27, 1976, p. 262.

mais par choix, semble-t-il, de pouvoir offrir un film accessible au grand public, rentabilisant ainsi les sommes énormes qui devaient y être investies.

Au seul plan de la composition du film par exemple, on notera l'insistance apportée à décrire certains souvenirs — de l'enfance à l'âge de 19 ans — qui comptent pour à peine le cinquième du roman en nombre de pages (voir tableau I, p. 78-79). Alors qu'on retire à l'événement du voyage de George Nelson à Kamouraska — 10 jours de l'histoire racontée en 51 pages (1/5 du roman) — presque toute sa portée symbolique comme véritable aboutissement du procès «intérieur», en ne lui accordant que quelques dix minutes vers la fin du film.

La composition du roman dispose pourtant ses effets rythmiques de manière inverse. Les rapports de durée entre le récit et l'histoire révèlent un jeu d'asynchronie qui favorise plutôt le voyage lui-même, jusqu'à en faire la composante essentielle de la structure. Non pas tant comme dénouement de l'intrigue du «rêve», que comme aboutissement d'une *transgression verbale* amorcée par la narratrice au début du récit.

Comme si ce film, en définitive, développait davantage le prétexte du roman, ou encore son contexte, abandonnant à d'autres (?...) le véritable défi du texte lui-même, soit sa transposition cinématographique.

Une seule image du film semble vouloir esquisser timidement cette dimension de l'œuvre. On nous représentera Georges Nelson en train de se passer par-dessus la tête une longue chemise blanche en tendant les bras, légèrement écartés, vers le plafond. La caméra s'attarde quelques secondes à cette image suggestive de par le contexte où elle s'inscrit. C'est l'«aube». Georges Nelson se prépare à partir pour Kamouraska accomplir ce que personne d'autre que lui ne peut réussir. Nous sommes à la veille du «sacrifice célébré sur la neige».

Certes on aura droit à quelques-unes de ces images qui tendent à représenter simultanément le passé et le présent, tel que vécu par Elisabeth Rolland à certains moments de son rêve. Il s'agit là, bien entendu, d'établir des équivalences cinématographiques pour informer le spectateur de l'omniscience de la narratrice. Mais ces techniques ne s'appliquent qu'au traitement du temps comme contexte général du récit et ne touchent que de très loin à la symbolique elle-même.

Il nous faut donc reprendre le livre en mains, puisque ses sollicitations demeurent aussi urgentes qu'en 1970, date de sa publication. Nous nous proposons d'y accorder notre écriture en en respectant autant que possible les plus secrètes harmoniques.

Au premier chapitre, nous définirons d'abord les quatre [13] instances narratives en présence au premier niveau de récit, soit cette partie du roman [14] qui précède le rêve de Mme Rolland. Aussi, l'analyse des interactions entre ces narrateurs pourra-t-elle déjà nous révéler dans quel sens évoluera le récit.

La mise en situation initiale donne lieu en effet à une confrontation importante entre Elisabeth Rolland et Jérôme Rolland, où la «Voix» agira comme élément provocateur. Et c'est tout l'équilibre phantasmatique d'Elisabeth Rolland qui en est alors menacé. Il importe donc d'identifier clairement chacune de ces instances productrices du récit, quant à leur nature et fonction respectives au cours de cet échange.

---

13 Il s'agit des personnages Elisabeth Rolland et Jérôme Rolland, de la «Voix» et du narrateur omniscient.

14 *Kamouraska,* pp. 7 à 40.

Un deuxième chapitre traitera plus spécifiquement du «rêve» d'Elisabeth Rolland comme récit second. Nous verrons d'abord à situer corrélativement les niveaux de récit impliqués par cette excroissance du discours narratif. Ce qui permettra éventuellement de mieux comprendre l'apport signifiant dans le Récit d'une telle disposition par enchâssement. Nous délimiterons également l'extension propre à chacune des fonctions assumées par l'«opérateur du discours». Soit la «place codée»[15] d'Elisabeth Rolland dans ce discours, comme personnage et / ou narratrice du récit premier, narratrice et / ou «actant» du récit second.

Mais c'est la situation d'autonomie narrative d'Elisabeth Rolland qui retiendra davantage notre attention. D'abord sa justification au niveau de la cohérence narrative. Puis l'expression qu'adoptera la narration elle-même au cours de l'«exercice» d'écriture. Les deux moments les plus importants de cet exercice étant constitués par la recherche d'un statut narratif (je / elle) qui pourrait permettre à la narratrice de maîtriser son rêve et par l'usage particulier qu'elle fait des personnes grammaticales pour animer «ses» personnages.

Par ailleurs, les niveaux de récit ne vont pas sans impliquer un jeu complexe avec le temps auquel s'intéressera précisément notre troisième chapitre. Deux temps se chevauchent: le présent de la rue du Parloir, le passé de Sorel et de Kamouraska. En départageant occasionnellement ce que l'un et l'autre ont en propre, il nous sera alors possible de constater la forte «contamination» du passé par le présent.

Ce déplacement continuel de la narration d'un niveau à l'autre produit un récit traversé en tout sens par divers types d'anachronies narratives; telles que la

---

15 R. Barthes, «Introduction à l'analyse structurale du récit», *Communications* no 8, p. 21.

rétrospection, l'anticipation, la rétrospection anticipatrice, l'anticipation rétrospectrice, l'anticipation au second
degré, etc. Plus qu'un jeu gratuit de la mémoire, il y a là
toute une syntaxe sous-jacente au travail d'écriture
d'Elisabeth Rolland qu'il nous faudra mettre à jour; sans
toutefois «déchirer» la délicate texture du «petit point». A
travers cette analyse du temps, nous essaierons de
démontrer que tout, ici, s'«écrit» au seul présent du
discours immédiat et s'organise à partir d'un projet précis:
«exorciser» le passé par la force du présent.

Enfin le dernier chapitre sera consacré à suivre le
rituel commémoratif lui-même. L'exorcisme de l'«écriture» conduit la narratrice à des excès sans précédent et
consacre désormais le cycle infernal de la folie renaissant
de ses cendres au cours d'une célébration du «sacrifice»
dont elle sera la récitante. Conjointement à son «retour»
sur les lieux du crime, la «rencontre» d'Elisabeth
Rolland / Tassy et de Georges Nelson — événement
centreur de la structure narrative — s'effectuera alors dans
l'espace intemporel de l'univers mythique.

C'est là que notre hypothèse trouvera sa confirma-
tion. Mais seule la conclusion pourra nous permettre d'en
saisir véritablement la portée, en la resituant à l'intérieur
de la symbolique plus large du mythe que constitue
Kamouraska.

Chapitre premier

Les narrateurs

Chapitre premier

Les narrateurs

Les quatre narrateurs

Quatre narrateurs se partagent l'acte narratif producteur du récit. Un relevé quantitatif de leurs interventions à travers le roman nous a permis d'établir l'ordre d'importance suivant: Elisabeth Rolland, le narrateur omniscient, la «Voix», Jérôme Rolland.

On note une concentration de ces quatre instances narratives dans les sept premières sections,[1] comprises entre les pages sept et quarante. Les deux tiers du texte des sept premières sections (p. 7-39) sont dominés par le point de vue d'Elisabeth Rolland, bien qu'on y retrouve aussi le narrateur omniscient dans chacune d'elles. Ces deux narrateurs sont seuls à se partager les sections un, trois et sept. Alors que les quatre autres sections intercalées, deux, quatre, cinq et six semblent avoir été conçues par l'instance littéraire comme une série de confrontations, mettant en présence cette fois les quatre narrateurs. C'est même cette alternance entre le monologue intérieur

---

1 Le roman se divise en 65 sections, chacune comprenant trois pages en moyenne.

indirect[2] et le mode de narration mixte qui donne son rythme caractéristique à cette première partie du roman, comme nous le verrons plus loin.

La suite du récit, soit le rêve lui-même (pp. 40 à 249), nous est racontée presque exclusivement par Elisabeth Rolland; mises à part deux courtes interventions du narrateur omniscient et six autres de la «Voix». Cependant, aucune d'elles ne se situe au-delà de la vingtième section (p. 95). Ce qui laisse un peu moins des deux tiers du récit sous le contrôle exclusif de Mme Rolland.

La narratrice utilisera alors pour son propre compte certaines des techniques narratives employées plus avant dans les sept premières sections, ainsi que d'autres, nouvelles. Telle que le récit conduit à la première personne du singulier ou du pluriel en monologue intérieur.[3] Soit également le détour narratif de la première personne pour animer «ses» personnages de l'intérieur (focalisation interne); l'emprunt de la deuxième personne du singulier et du pluriel de politesse pour s'immiscer dans les rêveries, et même les rêves de Georges Nelson, et le «hanter». Ou encore l'utilisation avouée de la troisième personne comme procédé pour changer son statut narratif, et ainsi diriger son propre rêve.

Rien de plus justifiée que cette position narrative d'autonomie, puisque la narration d'Elisabeth Rolland est

2 Discours [immédiat] avec interférences occasionnelles du narrateur omniscient dans la narration. Voir Robert Humphrey, *Stream of consciousness in the modern novel,* University of California Press, 1958, p. 29.

3 «Discours émancipé de tout patronage narratif». Genette, *op. cit.,* p. 193. Ou: «(Discours) qui se présente de lui-même, sans le truchement d'une instance narrative réduite au silence, et dont il en vient à assumer la fonction... Le narrateur s'efface et le personnage se «substitue» à lui». *Ibid.,* p. 194.

assez postérieure aux événements pour que son information diffère sensiblement de celle de l'«héroïne», Elisabeth Tassy. Conséquemment, aucun recours extérieur au narrateur omniscient n'aura à s'imposer pour sauvegarder la cohérence narrative.

Premier narrateur: Elisabeth Rolland

Ce personnage s'impose donc dès le début comme narrateur principal du récit. La première section du roman (pp. 7 à 11) — sauf pour les deux premiers paragraphes — nous plonge dans le monologue intérieur d'Elisabeth Rolland. Nous tentons alors de deviner les raisons de son angoisse. Souvenirs, émotions, réflexions, intuitions, visions, phantasmes — toute cette matière du flux de conscience — semblent trahir ici une situation dramatique.

Le processus de la libre association obéit à certaines règles, et rien n'est plus construit que ces segments narratifs qui recréent l'incohérence du psychisme. Cette «matière première» du discours immédiat est riche de tout un vécu et porte en image tout le récit à venir. Ainsi le lecteur aura tout avantage à suivre les débats de cette conscience réflexive s'il veut parvenir éventuellement à en connaître et à en partager la vision du réel.

Ce mode de présentation du personnage principal par lui-même délimite un champ de vision auquel nous n'échapperons qu'occasionnellement. Le parti-pris de la subjectivité permet en lui-même que nous soit révélée peu à peu la vérité morale du personnage comme configuration d'une conscience du monde. Et c'est justement à travers l'ambiguïté du discours intérieur, dans la duplicité même de certains monologues insincères qui peuvent y être proférés, consciemment ou inconsciemment, qu'on trouvera la syntaxe réflexive de la pensée narrative.

Par exemple, certaines contradictions dans le discours d'Elisabeth Rolland nous amèneront au cours du récit à nuancer quelques-unes des affirmations du début, telles que: «*...Le temps efface tout.* Te revoilà libre [Aurélie], comme ta maîtresse. La vie à refaire» (p. 8-9). Alors que toute la suite du récit illustrera précisément le contraire. Le même argument d'une «mémoire qui oublie» sera utilisé par la «Voix» pour mettre Elisabeth au défi de pénétrer plus avant dans le rêve: «Le manoir. Vous ne risquez pas grand-chose d'y retourner, madame Rolland [...] La mémoire se cultive comme une terre. Il faut y mettre le feu parfois» (p. 75). Une fois prise au piège, Elisabeth Rolland reconnaîtra trop tard son erreur, déjà «immergée dans le rêve saumâtre, *la mémoire exacte comme une pendule*» (p. 80).

Ailleurs, ce sera «l'effort quotidien de la vertu» (p. 9) qui sera aussitôt démenti par la facilité avec laquelle Elisabeth Rolland avoue s'afficher comme innocente depuis vingt et un ans. Rien ne doit plus m'échapper, dit-elle encore, «la vraie vie qui est sous le passé» (p. 104). Plus loin, la perspective est inversée: «la vraie vie est ailleurs; rue du Parloir, au chevet de mon mari» (p. 133).

Enfin Jérôme Rolland, quant à lui, nous est tantôt décrit par la narratrice comme «cette étreinte qui rassure contre l'horreur des rêves» (p. 30), tantôt comme l'homme qui l'a empêchée de refaire sa vie. Mais à ce moment du récit, Elisabeth Rolland ignore encore les limites de sa vitalité. Dans les toutes dernières phrases du roman, la seule idée de cette libération tant attendue lui deviendra au contraire insoutenable, puisqu'elle en serait alors réduite à une solitude mortelle: «Mme Rolland se raccroche à la main livide de M. Rolland, comme à un fil fragile qui la rattache encore à la vie et risque de casser d'une minute à l'autre» (p. 250).

On voit donc que les déguisements de la peur et de la «mauvaise foi» du personnage finissent toujours par se dévoiler, permettant ainsi au lecteur, au cours du traitement de l'information narrative, de faire signifier les limites mêmes de l'introspection.

Deuxième narrateur: le narrateur omniscient

Toujours absent de l'action comme personnage, le narrateur omniscient pourra soit décrire les événements en focalisation externe, soit les analyser en focalisation interne, selon le cas.

D'une part, le premier mode de narration assurera une information sur la conduite des personnages en tant qu'elle est matériellement observable: l'aspect physique des personnages ou leur environnement, par exemple. En général, on s'en tient alors à une description objective de leurs gestes ou de leurs attitudes.

A l'analyse, il s'avère qu'ici la focalisation externe ne trouve à s'exercer qu'exceptionnellement, et uniquement pour de très courts segments narratifs. En restreignant son usage, l'instance littéraire semblait ainsi vouloir éviter le plus possible toute intervention extérieure au monologue d'Elisabeth Rolland ou à celui de Jérôme Rolland.

D'autre part, le narrateur omniscient, empruntant le mode de focalisation interne, s'assimilera à la conscience du personnage, mais sans pour autant s'y fondre tout à fait. Ainsi son intervention discrète au début du récit permettra d'informer brièvement le lecteur d'une situation complexe que le personnage mettrait lui-même beaucoup trop de temps à raconter:

> Mme Rolland attendait, soumise et irréprochable. Si son cœur se serrait, par moments, c'est que cet

état d'attente lui paraissait devoir prendre des proportions inquiétantes. Cette disponibilité sereine qui l'envahissait jusqu'au bout des ongles ne laissait présager rien de bon (p. 7).

Il faut y voir une information connotée comme «signe de lecture», où le narrateur omniscient traduit pour nous en transparence les modulations de la conscience d'Elisabeth Rolland.

Puis, après nous avoir décrit, dans un premier temps, la tension psychologique du personnage, le narrateur omniscient nous signale la révélation prochaine qui s'annonce pour lui:

> *Tout semblait vouloir se passer comme si* le sens même de son attente réelle allait lui être *bientôt* révélé. *Au-delà de la mort de l'homme* qui était son mari depuis bientôt dix-huit ans (p. 7).

On a placé çà et là des points de repère importants qui sont à relever pour notre information. L'adverbe «bientôt», par exemple, annonce l'imminence de l'événement plus ou moins souhaité par le personnage. Tout n'est plus qu'une question de temps avant que s'amorce l'irréversible bouleversement. Et à travers l'ambiguïté de la situation initiale vécue par le personnage, il nous est déjà possible d'entrevoir brièvement le sens véritable de son expectative:

> Mais déjà l'angoisse exerçait ses défenses protectrices. Elle s'y raccrocha comme à une rampe de secours. Tout plutôt que cette *paix mauvaise* (p. 7).

Les transitions

Par ailleurs, lorsqu'il s'agira de changer de narrateur, soit passer du narrateur omniscient (instance hétérodiégétique) à un personnage (instance homodiégétique) ou vice-versa, le transfert s'effectuera habituellement dans l'espace restreint de quelques phrases, sorte de lieu neutre de l'échange.

Ainsi, après les deux premiers paragraphes du début, conçus dans l'optique d'une narration hétérodiégétique (elle), une transition s'opérera vers l'instance du «je» sans rupture apparente:

> ... Mais déjà l'angoisse exer*çait* ses défenses protectrices. Elle s'y raccro*cha* comme à une rampe de secours. / Tout plutôt que cette paix mauvaise. (Fin du deuxième paragraphe.)
>
> Il aurait fallu quitter Québec. Ne pas rester *ici*. *Seule* dans le désert du mois de juillet. Il n'y a plus personne que *je* connaisse... (p. 7)

La succession des imparfaits qui caractérise le deuxième paragraphe est soudainement interrompue par un passé simple qui nous resitue aussitôt dans l'action. Puis, c'est l'ambiguïté de la forme nominale — «tout plutôt que cette paix mauvaise» — qui sert d'amorce au glissement narratif. Pouvant être énoncée à la fois par le narrateur omniscient et le personnage, cette phrase crée une première confusion dans l'esprit des lecteurs quant à son origine.

Le mouvement se poursuit avec le début du troisième paragraphe. La présence du narrateur omniscient s'estompe davantage dès la première phrase — «il aurait fallu quitter Québec». En effet, on conçoit difficilement que ce narrateur omniscient puisse s'adresser directement au personnage pour lui reprocher sa décision de ne pas quitter Québec. La formulation impersonnelle — «*il* aurait fallu» —, ainsi que l'adjonction d'une proposition infinitive — «quitter Québec» —, contribuent également à l'indétermination du sujet de l'action. Bien qu'il soit plus juste, à l'analyse, d'attribuer cette phrase à l'instance homodiégétique (Elisabeth Rolland), un débit normal de lecture ne nous permettrait pas encore cependant d'y déceler les signes manifestes de cette instance.

Mais la suite ne laisse plus aucun doute sur l'identité du narrateur. Les coordonnées spatiales se précisent par élimination. A partir de Québec, désignation tout à la fois vague et précise, la situation du narrateur se focalise en un «ici». Et pour éliminer tout doute, cet «ici» n'est habité que par une «seule» personne, définie au niveau du genre grammatical comme féminin. Cette mise en place terminée, le «je» n'a plus qu'à prendre possession du discours: «il n'y a plus personne que *je* connaisse en ville» (p. 7).

En fait, le processus de la transition est facilité par la nature même de cette écriture propre au monologue intérieur, dont les formes les plus souvent employées sont celles de la proposition infinitive et du pronom impersonnel. Voyons l'exemple suivant:

> Mme Rolland compte les gouttes, sa main tremble. / *Il faut* lui faire confiance et la rassurer. *Empêcher* par tous les moyens sa main de trembler. *Il est* indispensable de se réconcilier avec cette femme qui tremble. La vie en dépend. / Jérôme sourit encore, avec effort. Il sent sa bouche qui sèche sur ses dents... (p. 22)

La première phrase appartient au narrateur omniscient par la désignation particulière qu'il fait du sujet de l'action — «Mme Rolland» —, dont il nous décrit le geste en focalisation externe. Les traits obliques de la citation indiquent les limites à l'intérieur desquelles s'exerce la narration homodiégétique (je) de Jérôme Rolland. Au-delà, la narration hétérodiégétique (il) reprend ses droits.

Cette fois, au contraire du premier exemple analysé précédemment, la transition est réversible, et l'on revient à l'instance hétérodiégétique (il). Mais l'objectif visé par l'instance littéraire est demeuré le même dans les deux cas, soit l'effet d'ambiguïté. Cette technique d'amalgame permet de suspendre momentanément une description hétérodiégétique (il / elle) pour qu'un narrateur homodiégétique (je) puisse intervenir; sans qu'il paraisse pour autant qu'on ait changé d'instance, et minimiser ainsi l'effet de rupture.

Ailleurs, il s'agira d'élider une proposition principale en la remplaçant par un simple adverbe pour obtenir le même résultat:

> Mme Rolland n'est plus qu'une machine qui s'agite. / *Tout,* pour ne pas succomber au sommeil. Jérôme Rolland a les ongles bleus. Mon Dieu, j'ai peur de m'endormir (p. 25).

Ainsi, les «charnières» narratives, articulées par des techniques bien maîtrisées, se font «jointures», et la machination réussit à créer l'illusion de l'organique.

Troisième narrateur: la «Voix»

Le récit compte parmi ses narrateurs la présence insolite d'une «voix» qui s'adresse successivement à M. Rolland et Mme Rolland. Ce phénomène narratif, qu'on pourrait comparer au «chœur» des tragédies grecques, revêt une importance de premier plan par les effets signifiant qu'il crée dans le récit.

On reconnaîtra la nature particulière de cette instance narrative en ce que, semblable au narrateur omniscient en focalisation interne, la «Voix» s'en différencie cependant par son adresse directe aux personnages, s'imposant ainsi comme une «présence» effective dans le récit. L'influence indéniable qu'elle exerce sur l'orientation des forces en présence en fait une instance homodiégétique, presqu'au même titre que personnage du roman. Qu'une *même* «voix» s'adresse successivement à deux personnes distinctes, nous amène nécessairement à y voir une entité indépendante de la conscience *exclusive* de l'un ou l'autre personnage: d'où sa nature homodiégétique (je / nous, tu / vous).

Le mode de distribution à travers le roman des diverses manifestations de la «Voix» constitue en lui-même une connotation intéressante. C'est d'abord auprès de Jérôme Rolland que cette «Voix» interviendra pour la première fois, en s'adressant directement à sa conscience:

> Quelle femme admirable vous avez, monsieur Rolland. Huit enfants et une maison si bien tenue. Et puis voici que depuis que vous êtes malade, la pauvre Elisabeth ne sort plus. Elle ne quitte pas votre chevet. Quelle créature dévouée et attentive, une vraie sainte, monsieur Rolland. Et jolie avec ça, une princesse. L'âge, le malheur et le crime ont passé sur votre épouse comme de l'eau, sur le dos d'un canard. Quelle femme admirable (p. 15).

Ces propos ironiques sont d'autant plus suggestifs pour Jérôme Rolland qu'ils servent à entretenir chez lui une certaine frayeur qu'il exprimait d'ailleurs quelques instants plus tôt: «surtout ne pas boire une seule gorgée quand elle est là [...] Elle me tuera» (p. 15). Cette image triomphante d'Elisabeth évoque trop bien celle de la mort, imaginée dans ses rêves, pour qu'il n'y ait pas là quelque signe annonciateur qui appelle à la prudence.

Dans cette lutte inégale qui s'engage entre les époux, la «Voix» agira donc comme arbitre. L'assurance hautaine d'Elisabeth pourrait avoir vite fait de décourager tout affrontement si cette instance narrative n'intervenait pas pour tirer M. Rolland de son attitude défensive.

Aussi, l'ironie complice de la «Voix» renversera-t-elle subitement les rôles à l'avantage du mari. D'abord trop subtile pour être immédiatement décelable comme telle, l'ironie se dissimule dans des formules rassurantes: «quelle femme admirable... huit enfants... une maison si bien tenue». Si ce n'était de la formulation exclamative initiale, par trop enthousiaste, on pourrait croire que la «Voix» prend plutôt la défense d'Elisabeth. Mais son retour en leitmotiv — «quelle créature dévouée... quelle femme admirable» — accentue progressivement l'impression contraire. La «pauvre Elisabeth», si «dévouée et attentive», accède bientôt aux rangs des «saintes», et l'ironie grossissante devient caricature. Puis mine de rien, la parenthèse se referme: «Quelle femme admirable».

Cette psalmodie des «louanges» d'Elisabeth constitue une véritable provocation pour Jérôme Rolland. Mis au défi par la «Voix» d'ébranler la présomption d'innocence de sa femme en rapport avec le meurtre d'Antoine Tassy, il la mettra en accusation aussitôt après, par le truchement du texte des «Poésies liturgiques».

Jérôme observe le visage de sa femme. Celle-ci a ouvert le livre à la page marquée. «Jour de colère en ce jour-là». Un passage est souligné d'un trait de crayon. «Le fond des cœurs apparaîtra — Rien d'invengé ne restera» (p. 15-16).

L'insinuation ne vise rien de moins qu'à rompre le «pacte du silence» conclu vingt et un ans plus tôt avec elle. Voilà un développement de l'intrigue qui ajoutera un élément de tension additionnel à la situation déjà angoissante du début. Comme nous le verrons plus loin, il s'agit là d'une première manœuvre tactique de la «Voix» qui s'inscrit à l'intérieur d'une stratégie d'ensemble.

Cette «Voix» semble ainsi nourrir peu à peu son existence encore précaire par cet échange de «bons services» auprès de Jérôme Rolland. Elle s'offre à lui comme une parole magique, et surtout comme une arme très efficace dans un dernier combat.

Dès lors, on notera l'évolution de sa croissance dans la conscience de M. Rolland. D'abord, l'emploi du «vous», au cours de la première intervention, laissait sous-entendre qu'elle se situait à l'extérieur de la conscience du personnage. Mais bientôt, une sorte de contamination, résultant de cet échange compensatoire, se manifestera à travers les accents sournois du «nous» complice:

> Il faudrait avoir la santé de violer cette femme. La ramener de force avec *nous* sur *notre* lit de mort. L'obliger à penser à *nous,* à souffrir avec *nous,* à partager *notre* agonie, à mourir avec *nous.* L'insaisissable qui est *notre* femme, la coupable qui ne fut jamais pardonnée, *notre* femme, *notre* beauté corrompue. La convaincre du péché [...] (p. 27).

Et plus loin:

> [...] Pourquoi ménager Elisabeth? Pourquoi ne pas lui témoigner enfin *notre* profonde méfiance? Lui avouer que *l'on* n'a jamais été dupe de son innocence? (p. 26)

Progressivement cette «Voix» en deviendra monstrueuse à vouloir occuper toute la place entre les époux. Jérôme lui-même ne peut plus chasser ce «génie malfaisant» qui demande maintenant à vivre de sa propre vie. C'est alors qu'il comprend de quelle manipulation il a été la victime:

> C'est une épée à deux tranchants qui me retombe dessus. Me déchire la poitrine [...] Je ne veux rien savoir, j'ai juré de ne rien savoir, de vivre les yeux fermés. Ah! mon Dieu *j'étouffe avec toute cette saleté de mémoire dans les veines* (p. 28).

Ainsi, toute cette sollicitude, ces bons conseils prodigués au mourant par la «Voix» n'avaient qu'un but: utiliser Jérôme Rolland pour atteindre Elisabeth. La «Voix» cherche à briser la résistance d'Elisabeth, à s'insinuer dans cette conscience au «garde-à-vous». Rétrospectivement, on comprend mieux alors le sens d'une phrase comme celle-ci:

> Monsieur Rolland, votre femme se fatigue. Il est trois heures du matin. Vous ne pouvez exiger que la pauvre créature veille encore, partage avec vous l'insomnie, jusqu'au point du jour? (p. 16)

Seul le sommeil pourra plus tard affaiblir ses «défenses» et permettre à Elisabeth Rolland d'entendre cette «Voix» pour la première fois. Et l'accusation résonnera trois fois, comme pour annoncer le début de la représentation du «joli triptyque»:

> Coupable! Coupable! Madame Rolland. Vous êtes coupable! Elisabeth se redresse d'un bond. Prête l'oreille (p. 31).

On voudra bien noter qu'au tout début du roman, le contexte réunissait déjà plusieurs conditions propices à l'intervention de cette «Voix» dans le récit. L'ambivalence affective d'Elisabeth Rolland, amenée par la mort anticipée de son mari, se présente alors sous la forme d'une périlleuse alternative. Doit-elle s'abandonner à ce qui vient, comme à une délivrance — «cette disponibilité sereine qui l'envahissait jusqu'au bout des ongles» —, ou s'en méfier — «mais [...] l'angoisse exerçait ses défenses protectrices»? L'attente qui perdure rend précaire l'équilibre psychologique et favorise dès lors l'éclosion d'une force nouvelle dont la «Voix» sera l'expression.

Elle adoptera d'abord dans l'esprit d'Elisabeth Rolland la forme d'un vague pressentiment. L'analogie entre la présente situation et une autre, vécue vingt et un ans plus tôt dans des conditions à peu près similaires, ne peut être attribuable qu'à une mystification sur le temps réel des événements, possiblement à une conspiration. Un va-et-vient inhabituel dans la ville inquiète Elisabeth, tout comme cette ombre muette et fidèle qui s'impose à elle depuis quelque temps.

Plus tard elle rejoindra son mari. Leurs consciences seront alors traversées successivement par le même influx suscité par la mémoire commune de certains événements tus jusqu'alors. Tous deux sont possédés par cette mémoire qui leur rend soudain toute substance, toute réalité, tournés ensemble vers le fond de cette Nuit d'où tout peut venir.

Mais c'est dans le «rêve» lui-même que cette genèse de la «Voix» trouvera son accomplissement pour Elisabeth Rolland. La mémoire l'oblige alors à s'asseoir à son «procès». Et par l'intermédiaire de la «Voix», un certain sens des réalités factuelles l'empêchera dorénavant d'utiliser les signes factices de la représentation aux regards des autres.

Au cours de la première partie du rêve, la «Voix» agira comme guide des premières associations d'images, opposant à l'occasion une résistance calculée aux diverses tentatives de fuite de Mme Rolland.

On l'amène ensuite à soutenir un défi, qu'on lui présente sous le couvert d'une insinuation ironique: «Irréprochable. Vous êtes irréprochable. Mais vous n'êtes qu'une absente, madame Rolland» (p. 76). Seule la coïncidence parfaite avec elle-même sur les lieux du crime pourrait permettre d'établir cette innocence dont elle cherche à se prévaloir. Et c'est précisément à cette rencontre qu'elle est conviée par la «Voix».

En fait on l'accuse ici de refuser toute confrontation avec la mort. Autrefois, en se réfugiant dans la sécurité de sa chambre à Sorel; aujourd'hui, à feindre le sommeil dans la chambre de Léontine Mélançon.

La «Voix» exploitera d'ailleurs abondamment l'analogie des situations, bien qu'objectivement leurs contextes respectifs soient tout à fait différents. Profitant de l'aveuglement d'Elisabeth, elle fera un chassé-croisé de leurs aspects interchangeables: Jérôme, mourant dans une chambre du premier étage, évoquera l'image d'Antoine abandonné à son assassin à Kamouraska.

Aux prises à son tour avec ce «génie malfaisant des sons et des images», Elisabeth tente désespérément de retrouver un sens plus juste des réalités:

> Vous chercheriez en vain. Contre celui-ci je n'ai jamais péché. Je suis innocente. Mon mari s'appelle Jérôme Rolland et je vais de ce pas lui faire un bout de conduite. Jusqu'à la mort (p. 94).

Mais la «Voix» aura tôt fait de retourner l'argument contre Elisabeth, en évoquant son inaction présente à secourir Jérôme comme preuve formelle de sa culpabilité:

> Cette dangereuse propension au sommeil vous perdra, madame Rolland. Voyez, vous êtes tout intoxiquée de songe. Vous rabâchez, madame Rolland. Lourde et vaseuse, vous vous retournez contre le mur, comme quelqu'un qui n'a rien d'autre à faire. Tandis qu'au premier étage de votre maison de la rue du Parloir, M. Rolland.... Expire peut-être?... (p. 95)

Ce jeu impitoyable illustre assez bien l'impuissance d'Elisabeth à sortir désormais du dilemme tragique où on l'a enfermée. Aussi longtemps qu'elle repoussera l'échéance décisive pouvant permettre la révélation du «sens de son attente réelle» (p. 7), le rêve demeurera cette prison où l'on

se distrait de son crime. Quant à la «Voix», elle ne se taira
que lorsqu'Elisabeth aura affirmé sa «doublure violente»,
en assumant la «différence»; «Je dis «je» et je suis une
autre» (p. 115).

La «Voix»: un témoin collectif

Comme nous l'avons noté précédemment, la
«Voix» constitue une entité indépendante, distincte de la
conscience exclusive de Jérôme ou d'Elisabeth, quoiqu'intimement liée au processus réflexif de leur conscience.
Mais on pourrait y voir également la manifestation d'un
«chœur», au sens classique du terme. Celui-ci exprimerait
alors l'accord secret de plusieurs voix, témoin à la fois
singulier et multiple d'une initiation à laquelle serait
soumise Elisabeth Rolland.

Le concept de «langage» devrait nous permettre
d'approcher objectivement, au niveau de la vraisemblance, la nature particulière de ce phénomène narratif,
excluant de ce fait tout événement d'ordre spirituel qui
ferait de la «Voix» un être en soi, omniprésent et
omniscient. Ainsi nous savons qu'un même partage des
signes entre les individus donne forme à la communauté
des hommes dans le Langage qui, à son tour, la reflète
dans sa forme même. Par ailleurs, toujours présente et
diffuse dans la parole du sujet qui l'actualise, cette
collectivité symbolique affirme ses prérogatives dès qu'on
tente de s'approprier exclusivement la manipulation des
signes. La «Voix», comme «singularité multiple», résulte
précisément de ce rapport au langage, vécu jusqu'à
l'hallucination par Elisabeth Rolland.

Cette communauté accusatrice qu'Elisabeth porte
en elle au niveau du langage fonde l'espace où s'enracine
sa culpabilité. Ici, seule une personnification peut rendre
compte de la gravité de cette situation conflictuelle, où le
chœur des voix devient la voix du Chœur.

Donc, avant d'être une instance d'écriture du récit, ce témoin collectif constitue une instance de lecture. On nous invite au spectacle tragique du nécessaire partage entre la «part maudite»[4] et celle de l'ordre. L'entreprise d'Elisabeth Rolland dépasse ainsi nettement le cadre narratif du monologue intérieur par cette ampleur tragique[5] qu'y ajoutent les interventions du Chœur.

Quatrième narrateur: Jérôme Rolland

Ce personnage n'intervient qu'à trois reprises[6] dans la narration et sert surtout de «medium» aux manifestations insolites du Chœur. Mais chacune de ses interventions sont importantes et s'inscrivent dans le plan d'ensemble élaboré par l'instance littéraire.

Dépositaire du secret commun, Jérôme Rolland conserve la trace, la mémoire des événements. Son attitude réprobatrice à l'égard de sa femme donnera prise à une réalité qu'Elisabeth tente de conjurer depuis vingt et un ans. Aussi, par cet affrontement à la réalité d'autrui, est-ce une longue rêverie qui s'achève pour elle.

L'intervention de Jérôme Rolland apparaît donc comme la faille imprévue dans le beau système phantasmatique d'Elisabeth Rolland. Devant la mort qui vient, l'«impudeur des mourants» (p. 27) confère tous les droits. Le langage de la Mémoire tente désespérément de s'opposer à l'Oubli et constitue ici une dernière vengeance du condamné contre ceux qui restent.

En résumé, l'emploi de ce mode de narration mixte qui caractérise une partie relativement courte du récit vise

---

4 Cette expression, empruntée à G. Bataille, connote bien l'univers trouble des pulsions de vie et de mort en interaction violente les unes avec les autres.

5 Entendre au sens théâtral de «tragédie».

6 *Kamouraska*, pp. 15, 22-23, 27-28.

à orienter dès le début la lecture globale du roman. En
s'immisçant dans le monologue intérieur d'Elisabeth
Rolland, le narrateur omniscient et le Chœur informent le
lecteur du contexte particulièrement dramatique où
évoluent les personnages. A ce morcellement provisoire de
l'information, le récit y gagnera en ampleur tragique. Et
lorsqu'Elisabeth Rolland en retrouvera plus tard la
maîtrise exclusive, la portée symbolique de son discours
immédiat n'en pourra être que plus grande.

Les niveaux de récit

Chapitre II
Les niveaux de récit

Dès la page quarante, le récit atteint un nouveau stade de développement par l'insertion du «rêve» comme récit second. Situé dans la continuité spatio-temporelle du récit premier le rêve d'Elisabeth Rolland perd son statut de simple événement par l'importance disproportionnée qu'il acquiert,[1] devenant alors exclusivement matière et discours d'un récit second.

Ainsi Mme Rolland (personnage et narratrice du premier niveau de récit) raconte en monologue intérieur qu'elle se couche dans le lit de Léontine Mélançon (événement de premier niveau) pour se reposer d'une grande fatigue; et qu'assoupie (naissance de la narratrice du second niveau), elle «revit» son passé (événements de deuxième niveau).

Bien qu'il soit parfois difficile d'isoler complètement l'un de l'autre deux niveaux de récit parcourus par une rêverie commune — comme si cette absence même d'Elisabeth Rolland au réel pouvait seule définir la nature de son personnage —, il importe de distinguer ce qui caractérise la rêverie à chacun des deux niveaux pour

---

1 On y consacre environ 200 des 250 pages du roman.

justifier l'imposition d'une ligne de démarcation entre les récits.

Au premier niveau de récit (niveau diégétique), la narration tend autant que possible à départager les scènes présentes des scènes remémorées, par un système de conventions grammaticales propre au récit classique. La remémoration y définit toujours sa position temporelle relativement au présent, par l'emploi généralisé du passé composé et de l'imparfait mémoriel.

Par contre, au deuxième niveau de récit (niveau métadiégétique), on arrive difficilement à séparer les plans temporels, comme à définir le degré d'objectivité d'un récit au présent où se confondent le passé remémoré ou imaginé, le moment présent de la distanciation narrative et le futur imaginaire.[2] C'est ailleurs que nous devrons chercher les indices distinctifs qui nous permettront plus tard de suivre l'évolution de cette rêverie particulière à la somnolence d'Elisabeth Rolland.

En fait, ce que nous désignons ici par le terme de «rêve» recouvre une échelle d'états de conscience qui va de la torpeur au sommeil profond, en passant par la rêverie et le rêve lui-même où la sensibilité des fonctions réflexives est le plus exacerbée. Et comme nous le verrons plus loin, c'est précisément l'ambiguïté de ces différents états que connaît successivement la narratrice du récit second (narratrice intradiégétique) qui créera une situation narrative propice à la conduite de récits parallèles; la narration tendant alors le plus possible à se distancer de ce qu'elle raconte.

Cette nouvelle situation de récit, créée par le «rêve», amènera le personnage-narrateur, Elisabeth Rol-

---

2 Cette question du temps du récit sera analysée au prochain chapitre.

land, à prendre conscience de ses pouvoirs, alors qu'elle occupera progressivement tout l'espace imaginaire que lui permet cette fois le monologue intérieur direct.[3] Et si les peurs, les phantasmes exprimés au début du récit second demeurent encore comme l'écho de cette réalité des autres qui la chargent et la jugent, seule une lucidité accrue dans la recherche d'une «écriture» pourra désormais lui permettre d'atteindre au dépassement de soi.

Elisabeth Rolland / Tassy: narratrice et protagoniste

Le récit second se caractérise également par le cumul des fonctions qu'assume Elisabeth Rolland comme opérateur du discours. On sait la souplesse fonctionnelle de la personne linguistique ou formelle à occuper diverses positions dans le discours narratif. Il y a là évidemment tout un système codé, sans rapport avec la personne psychologique soumise à des limites d'ordre matériel et psychique, et relevant du travail de l'énonciation.

D'abord la forme même du récit en monologue intérieur entraînait déjà la fusion du personnage et du narrateur. Mais à ce double emploi s'en ajoute un troisième au niveau du récit second, dès le moment où Elisabeth Rolland réussit à retrouver en elle l'image d'Elisabeth d'Aulnières / Tassy. Comme le présent porte en lui le passé, Mme Rolland, narratrice du récit second, traduit alors en transparence des images spectrales qu'elle habite comme actant[4] de ce récit second.

Simultanément narratrice et protagoniste du récit

---

3 Rappelons que ce type de monologue intérieur est conduit sans aucune intervention (ou presque) du narrateur omniscient.

4 L'actant se définit par ses rapports avec les autres personnages, dont les fonctions sont susceptibles de se combiner dans une situation dramatique. Voir Todorov, «Les catégories du récit littéraire», *in* *Communications* no 8, 1966, p. 133.

second, cette «persona»⁵ s'assimile, grâce à l'emploi
généralisé du présent narratif, des positions spatio-
temporelles incompatibles, mais sans créer pour autant
quelque distorsion que ce soit au niveau de la cohérence
narrative. A travers le décalage de vingt et un ans qui
connote les rapports entre ces deux opérateurs, notre
analyse cherchera plus tard à distinguer ce que le présent et
le passé ont en propre.

Mais déjà, une délimitation sommaire entre l'univers de la narratrice homodiégétique, Elisabeth Rolland,
et celui de la protagoniste métadiégétique, Elisabeth
d'Aulnières / Tassy, pourrait s'effectuer de la façon
suivante. D'une part, on nous rapporte des événements
vécus par Mme Rolland, rue du Parloir à Québec, entre
deux heures du matin, un samedi du mois de juillet 1860,
et approximativement huit ou neuf heures dans la soirée
du même jour.⁶ La narration du premier niveau de récit
s'échelonnerait donc sur environ dix-neuf heures de temps
réel.

D'autre part, la narration du second niveau de récit
relate des événements vécus en partie à Kamouraska, la
plupart à Sorel, et couvrant une période de vingt ans,
c'est-à-dire de la naissance d'Elisabeth d'Aulnières en
1819⁷ jusqu'au procès d'Elisabeth Tassy tenu aux assises
de septembre 1839, et son mariage quelque deux ans plus

---

5 Le narrateur est toujours une fiction, un masque: le représentant
de l'auteur. Voir M. Butor, *Essais sur le roman,* Coll. Idées no 188, p. 76.

6 C'est jour de marché (samedi), dira Florida. Mme Rolland
remarque alors (p. 37) qu'il est 11:00 a.m.; et ce n'est que quelques heures plus
tard (p. 40) qu'elle s'endormira dans la chambre de Léontine Mélançon. Elle
s'éveillera peu de temps après le départ du docteur, revenu au chevet de
Jérôme Rolland dans la soirée.

7 D'une part, Elisabeth Tassy a 20 ans au moment du meurtre en
1839. (voir p. 244). Ce qui, d'autre part, donnerait une quarantaine d'années
à Elisabeth Rolland.

tard avec Jérôme Rolland. Ce temps du récit second étant subordonné aux sept heures de temps réel que dure la période de repos de Mme Rolland, on image facilement à quelles contraintes narratives l'histoire du second niveau de récit a dû être soumise pour pouvoir occuper ce court laps de temps.

La narration du second niveau de récit

Le récit second fonde sa cohérence narrative sur l'autorité quasi exclusive de Mme Rolland qui en assure la relation. Le narrateur omniscient n'interviendra qu'une fois[8] pour désigner la première transition de l'état de rêve à celui de somnolence.

Quant aux interventions de la Voix,[9] elles se situent au niveau de l'état de torpeur et de rêverie. Une seule cependant rapporte quelques brèves images du rêve, lesquelles agiront également comme éléments de transition vers l'état de somnolence.

Ainsi, la concentration de ces interventions à l'intérieur de la première période de somnolence constitue un indice du rôle subsidiaire joué par la Voix dans ce travail de reconstitution du passé: les quelques inflexions imprimées au récit par cette Voix ne pouvant excéder le moment de sa prise en charge définitive par la narratrice.[10]

Quoi qu'il en soit, cette délégation des pouvoirs narratifs de l'auteur à son personnage nous amènera dorénavant à considérer la narration d'Elisabeth Rolland comme l'assise principale du récit second (métarécit). A part les quelques exceptions mentionnées précédemment, l'information transmise au lecteur par la narration du récit

---

8 *Kamouraska*, p. 49.

9 *Op. cit.*, pp. 44, 70, 75, 91, 92, 93, 95.

10 Dès la page 95.

second n'a pas à dépendre d'un narrateur omniscient. La correspondance parfaite qui s'établit entre le passé d'Elisabeth Rolland et l'expérience de la protagoniste, Elisabeth Tassy, permet à la narratrice du récit second de commenter sa vie sans contrevenir à la cohérence narrative.

Certaines formulations peuvent parfois donner l'impression d'une narration omnisciente. Mais l'analyse infirme cette perspective dès qu'on évoque l'expérience vécue par la narratrice, l'avenir de l'histoire étant pour elle du passé.

Le statut narratif

Grâce à son ascendant sur le récit, la narratrice bénéficie de toute une gamme de techniques narratives propres à diversifier sa perception des événements «rêvés». Quelle sera alors la nature de sa relation à l'histoire narrée? Le statut narratif de la première personne grammaticale semble d'abord vouloir s'imposer tout naturellement.

Ainsi s'établit la relation homodiégétique commune à tout récit de ce genre: Elisabeth Rolland s'identifie plus ou moins volontairement à Elisabeth Tassy. Non sans conséquence d'ailleurs, puisque cette osmose compromet dangereusement les droits acquis depuis longtemps à la fausse représentation:

> Vous vous trompez, je ne suis pas celle que vous croyez. J'ai un alibi irréfutable, un sauf-conduit bien en règle. Laissez-moi m'échapper, je suis Mme Rolland [...] (p. 56-57).

Mais les protestations formelles n'auront aucune prise sur l'ordonnance du discours. Seule une transgression explicite de son statut narratif pourrait modifier la portée du récit:

> Penser à moi *à la troisième personne.* Feindre le détachement. Ne pas s'identifier à la jeune mariée [...]
>
> Voici la mariée qui bouge, poupée mécanique, appuyée au bras du mari, *elle* grimpe dans la voiture [...]
>
> [...] Quant à moi, *je suis Mme Rolland,* et je referai mon premier voyage de noces, *comme on raconte une histoire,* sans trop y croire, avec un sourire amusé (p. 71).

Cette transition à l'hétérodiégétique (elle) permet à la narratrice de se dédoubler, en agissant comme le ferait tout narrateur omniscient à l'égard d'un personnage. La réduction opérée, le récit s'apparente à un conte pour enfants dont il ne reste plus qu'à faire la lecture.

Désormais, les signes du conflit entre les prérogatives de la narration et les nécessités de l'histoire ne cesseront de se multiplier; la narratrice refusant de se sentir liée par le passé compromettant de l'héroïne. Finalement ces délibérations sur le choix d'un procédé narratif approprié à la situation auront réussi à distraire le lecteur de l'histoire elle-même.

Le tiraillement entre les positions homodiégétiques (je) et hétérodiégétique (elle) observé de la page 71 à 115 démontre que Mme Rolland maîtrise mal cette technique de distanciation. Repassant du «elle» au «je» à son propre insu, elle doit par la suite déployer toute son énergie à regagner le terrain perdu.

Ce n'est que par une «absence des sens et du cœur incroyable, difficile à supporter sans mourir» que Mme Rolland pourra poursuivre cette lutte, obstinée à vouloir conduire un récit exempt de toute implication personnelle. Mais sa résistance diminue et elle se voit obligée de céder peu à peu.

C'est le souvenir de la seconde visite du docteur Nelson au chevet d'Elisabeth Tassy qui déterminera l'étape décisive de l'évolution narrative:

> Il suffit d'une seconde. Et ma vie chassée me rejoint au galop. Rattrape le temps perdu, d'un seul coup. Les défenses en moi s'abattent comme des châteaux de cartes. Je passe mes deux bras autour du cou de cet inconnu qui sent le tabac frais. J'ai beau savoir que le juge n'attend que ce geste de moi pour orienter toute son enquête. Rien ni personne ne peut me retenir (p. 112).

C'est volontairement qu'elle s'abandonne aux souvenirs de cette époque particulière de sa vie:

> Je pourrais encore m'échapper [...] Hurler, les mains en porte-voix: je suis Mme Rolland. [...] Il est trop tard. Le temps retrouvé s'ouvre les veines. Ma folle jeunesse s'ajuste sur mes os. Mes pas dans les siens. Comme on pose ses pieds dans ses propres pistes sur la grève mouillée. Le meurtre et la mort retraversés. Le fond du désespoir touché. *Que m'importe. Pourvu que je retrouve mon amour. Bien portant. Eclatant de vie* (p. 115).

Il serait faux cependant de croire que «toute marge est abolie» (p. 25) et que le présent rejoint ici le passé pour s'y fondre. Nous verrons d'ailleurs plus loin comment l'initiation onirique exclut la réintégration pure et simple du passé à jamais perdu. A ce stade du récit, il s'opère une transformation radicale chez la narratrice, qui semble s'éveiller tout à coup d'un long «sommeil». Elle passe alors définitivement du «elle» au «je», bien que ce «je» ne se possède pas encore comme sujet connaissant, mais plutôt comme objet d'émerveillement. Une sorte d'apesanteur détermine seule pour l'instant le nouvel être qui naît: «je ris et je pleure sans vergogne [...] je me déchaîne» (p. 115).

Paradoxalement, l'identité «retrouvée» se fonde à la fois sur un rapport d'identification et de différenciation: «je dis «je» et je suis une autre». Dans un échange assurant l'équilibre psychologique du personnage Elisabeth Rolland, on verra, d'une part, s'accroître soudainement ses pouvoirs narratifs proportionnellement à son acceptation, d'autre part, d'une plus grande implication dans le récit. Cette phase importante de l'évolution narrative marque le passage du mimétisme spectateur à l'initiative créatrice de l'action.

La conquête du «je» aura été pour la narratrice l'aboutissement d'une première expérience d'«écriture». Dans le mouvement alternatif du «elle» au «je» s'établit toute une économie de l'ubiquité, propre au langage, qui semble lui profiter. La suite du récit verra d'ailleurs se développer les signes d'une autonomie narrative de plus en plus manifeste:

> Jalouse, je veille. Au-delà du temps. Sans tenir compte d'aucune réalité admise. J'ai ce pouvoir. *Je suis Mme Rolland et je sais tout* (p. 126).

Et plus loin:

> Quoi qu'on dise et qu'on fasse, *je demeure le témoin principal de cette histoire* de neige et de fureur. Les témoins secondaires viendront, en bon ordre, me rafraîchir la mémoire. Les lieux eux-mêmes (de Sorel à Kamouraska et de Kamouraska à Sorel) me seront largement ouverts, afin que j'entre et sorte, au gré des événements. La fraîcheur de mon histoire est étonnante (p. 184).

Elle se réjouit même du défi que représente, pour la vraisemblance, le récit du voyage de George Nelson à Kamouraska:

> C'est le moment où il faut me dédoubler franche-

ment. Accepter cette division définitive de tout mon être. *J'explore à fond le plaisir singulier de faire semblant d'être là* (p. 196).

Dès lors, le récit adoptera la forme d'une récitation mythique, où l'invention créatrice l'emportera nettement sur le compte rendu. Mais nous aurons l'occasion de revenir ultérieurement, au cours du prochain chapitre, sur ce discours omniscient de la «voyante».

Le dynamisme du dédoublement aura donc permis d'entretenir la discordance entre le «je» narrant (Elisabeth Rolland) et le «je» narré (Elisabeth Tassy), par un écart plus ou moins signifié, selon que la distance du commentaire narratif s'exprime directement ou par allusions. Le prochain chapitre nous en fournira aussi de nombreux exemples.

Les personnes grammaticales

Mais au-delà de son rapport à elle-même, Elisabeth Rolland (narratrice) / Elisabeth Tassy (actant), comment la narratrice établit-elle le rapport avec les autres personnages du second niveau du récit? Différentes attitudes narratives s'offrent au choix. Le langage de la fiction intradiégétique (narration du second niveau) l'autorise dorénavant à utiliser toutes les ressources signifiantes des personnes grammaticales à la diversification de sa matière autobiographique. Il n'est nullement indifférent de raconter les événements à l'une des trois personnes du singulier ou du pluriel. Ces divers choix, tout en assurant la mobilité narrative, impliquent des conséquences directes sur le sens à donner au texte.

Par sa relation jadis privilégiée avec Elisabeth Tassy, George Nelson se prête mieux que tout autre personnage aux fantaisies de la narratrice, Elisabeth Rolland. Ces longues années de la mémoire ont retiré à la «personne psychologique» de George Nelson son caractère d'autonomie, jusqu'à la soumettre presqu'entièrement aux perspectives du présent vécu par Elisabeth Rolland.

Dès les premières rencontres entre Elisabeth Tassy et George Nelson, la forme narrative de la «troisième personne» s'impose d'elle-même pour désigner ce «médecin inconnu». La reconstitution du passé doit s'accomplir «comme s'il n'y avait jamais eu de première fois» et «les juges sont intraitables sur ce point» (p. 96). Aussi, Mme Rolland s'efforce-t-elle de faire corps avec la jeune fille de la rue Augusta pour revivre les premiers souvenirs:

> Je me concentre. Je ferme les yeux. *J'ai l'air d'évoquer des esprits et pourtant c'est la vie même que je cherche...* Là-bas, tout au bout de Sorel. *Un homme seul,* les deux coudes sur la table de la cuisine. Un livre ouvert devant *lui,* les pages immobiles. Lire par-dessus *son* épaule. M'insinuer au plus creux de *sa* songerie (p. 127).

Puis, dans un effort particulier pour «s'approcher de sa solitude, aussi près qu'il [lui soit] possible de le faire», (p. 127) la narratrice adoptera la focalisation interne (événements racontés de l'intérieur d'une conscience), par l'emploi de la deuxième personne:

> On ne *vous* perd pas de vue, élève Nelson. On *vous* suit à la trace. Tous les protestants sont des... Cette vieille casquette en phoque mal tannée (p. 127).

Les connotations narratives sont ici beaucoup trop importantes pour ne pas suggérer l'intervention directe d'Elisabeth Rolland dans l'histoire:

> *Vous* combattez le mal, la maladie et les sorcières, avec une passion égale. D'où vient donc, qu'en dépit de votre bonté, on ne *vous* aime guère dans la région? On vous craint, docteur Nelson. Comme si,

> au fond de *votre* trop visible charité, se cachait une
> redoutable identité... Plus loin que le protestan-
> tisme, plus loin que la langue anglaise, la *faute*
> *originelle... Cherchez bien...* Ce n'est pas un péché,
> docteur Nelson, c'est un grand chagrin (p. 128).

Après vingt et un ans de silence, c'est avec un
«personnage» phantasmatique qu'Elisabeth Rolland établit la communication:

> Je veille, liée à cet homme qui dort sous la pluie. *Si*
> *loin que je sois dans l'espace et le temps, je*
> *demeure attachée à George Nelson en cet instant*
> *précis où toute la campagne de Sorel chavire sous la*
> *pluie.* Tandis qu'à Québec, la respiration oppressée
> de mon mari emplit la maison de la rue du Parloir,
> du souffle même de la mort (p. 153).

Loin de suggérer ici un retour de la narratrice à la
«réalité»,[11] cette phrase énonce plutôt les conditions
mêmes dans lesquelles s'effectue toute la narration.
Au-delà du temps et de l'espace, c'est la «Voix»
d'Elisabeth Rolland-Tassy qui s'adresse à *son* personnage
en commémoration de leur amour:

> Je suis celle qui appelle George Nelson, dans la
> *nuit.*[12] La voix du désir nous atteint, nous
> commande et nous ravage. Une seule chose est
> nécessaire. *Nous perdre à jamais,* tous les deux.
> L'un avec l'autre. L'un par l'autre. Moi-même
> étrangère et malfaisante (p. 129).

---

11 Cette perspective analytique de l'alternance entre le rêve et la
réalité appartient à G. Merler, *in* «La réalité dans la prose d'Anne Hébert»,
Ecrits du Canada-français no 33, p. 60-61. Elle nie un des aspects
fondamentaux d'une structure narrative unique dont nous nous efforcerons
de démontrer plus tard les articulations.

12 Nous traiterons au prochain chapitre de l'ambiguïté de cette
situation nocturne.

Le passé est repris en charge par le langage qui se le raconte avec toute l'impudeur d'une transgression verbale. Exorcisée par sa propre écriture, la narratrice refuse de réintégrer le monde des contingences qui pourrait la distraire de son «idée fixe». C'est cet amour interdit — «insensé» — qui tentera plus tard de s'accomplir dans l'éternité de l'instant, par l'instauration de l'intemporalité mythique.

Ainsi la narration d'Elisabeth Rolland acquiert une dimension nouvelle dès la seconde moitié du roman, par son appropriation systémique de l'histoire événementielle. Il y a là toute une lecture-écriture qui se fait au travers de la vitre-livre du «texte» rétrospectif:

> Si je *retrouve* son visage c'est à travers une vitre. Une eau profonde, infranchissable. *Il gesticule et parle, loin de moi.* Il vit. Chaque mot, chaque geste de sa solitude la plus stricte me regarde et me concerne. *Si je laisse échapper un seul signe de lui, ma vie peut se mettre à fuir,* par tous les pores de ma peau.

> Il faudrait faire réparer la gouttière de la rue du Parloir. *Comment habiter la campagne mouillée de Sorel,* avec ce fracas de gargouille dans mon oreille (p. 153).

On comprendra mieux maintenant la portée narrative de la deuxième personne du pluriel (de politesse). L'interpellation incantatoire cherche à se soumettre l'univers secret de George Nelson — «étrangère à tout ce qui n'est pas vous» (p. 123) — avant «l'approche vertigineuse de l'acte essentiel de sa solitude» (p. 201).

> George Nelson boit. Il asperge son visage d'eau glacée. *Tourne vers mes propres songes ses traits ravagés, ses yeux effrayés.* Et moi (qui n'aurais pas

trop de ma vie entière pour *essuyer sa face,* [13] laver
le mal et la mort, apaiser l'angoisse), je tourmente
cet homme et je le hante. Comme il me tourmente
et me hante (p. 156).

Investie au cours d'un rêve prémonitoire (au
premier ou au deuxième niveau du récit?) [14] des pouvoirs
de la sorcière, Elisabeth Rolland-Tassy se propose de
«faire sortir le mal partout où qu'il se trouve, chez les
bêtes et les hommes» (p. 131). Sa responsabilité narrative
lui confère dorénavant ce pouvoir sur l'univers des autres.
Hantée elle-même au début du récit par la Voix du Chœur,
elle lui emprunte maintenant ses propres accents [15] pour
démystifier les fabulations de George Nelson:

> Vous ne pouvez supporter aucune douleur ni misère
> humaine. (Ni l'enfant pleurnichard au collège, ni la
> jeune femme maltraitée par son mari, rue Augusta,
> ni surtout le petit protestant marqué d'un signe,
> isolé, à gauche, dans la chapelle de monseigneur de
> Laval).
>
> [...] Vous vous défiez de vous-même docteur
> Nelson. Vous feignez de croire à la pitié. Vous vous

---

13 Cette image est parmi les premières à suggérer la présence de
l'intertextualité biblique dont nous traiterons brièvement au cours du
prochain chapitre ainsi qu'en conclusion.

14 Encore la même ambiguïté voulue au sujet de cette «nuit» des
rêves: «Est-ce donc cela désormais, dormir; quelques heures à peine de
sommeil, agité par les cauchemars?» Voir *op. cit.*, p. 130.

15 Le présent emploi de la deuxième personne se distingue de celui
du Chœur en ceci que nous connaissons l'origine unique de cette «voix» qui
s'adresse à George Nelson, contrairement au caractère occulte et multiple de
la Voix du Chœur. Sa fonction principale est d'assurer la vraisemblance d'un
récit mené en focalisation interne sur le personnage de G. Nelson tout en ayant
soin d'écarter son intervention homodiégétique (je) dans la narration. Alors
que par ailleurs, le Chœur, comme entité narrative autonome, visait plutôt à
assurer la dynamique d'un échange entre deux personnages, jusqu'à même
donner au récit la dimension plus large d'une tragédie.

> raccrochez à la pitié comme à un signe de salut.
> Vous pouvez toujours essayer. Soigner, guérir, de
> jour comme de nuit. Jusqu'à l'épuisement de vos
> forces. Certaines si lourdes fatigues ressemblent à
> la paix à s'y méprendre (p. 154).

Les derniers commentaires particulièrement amers d'Elisabeth Rolland évoquent sans doute sa propre désillusion de
n'avoir pu échapper au procès de la reconstitution, alors
qu'elle pensait pouvoir un jour elle-même trouver la paix,
«cachée dans un compliment comme une amande» (p. 93).

Le rêve de George Nelson n'est pas sans rappeler
non plus les premières images du rêve d'Elisabeth Rolland
cherchant ironiquement à faire accepter à la société une
fausse représentation d'elle-même: Oyez! Le dévouement
de Madame pour Monsieur, criera son «héraut» Florida.
La fidélité de Madame pour Monsieur. Oyez! Le ménage
exemplaire de Madame avec Monsieur (p. 40). On
retrouve ici le même stratagème pour parler du «bon
docteur Nelson»;

> Oyez braves gens de Sorel [...] le docteur George
> Nelson de ladite paroisse est définitivement
> accepté, approuvé, reconnu, intégré par ladite
> paroisse de Sorel [...] Non seulement un paroissien
> intégral, un citoyen à part entière, mais un membre
> d'honneur de ladite société [...] (p. 155)

On s'empressera d'ailleurs de le dénoncer aussitôt:

> Docteur Nelson voici que vous laissez éclater votre
> joie trop bruyamment. Si bruyamment que Mélanie
> Hus que vous avez soignée et veillée avec tant de
> dévouement, se réveille soudain de la mort où elle
> est ensevelie depuis hier. Pousse un cri d'horreur.
> Vous désigne d'un geste de tout son bras décharné,
> interminable et rigide. Découvert! Elève Nelson,
> vous êtes découvert. Inutile de jouer le médecin des

pauvres, le consolateur des affligés. Vous êtes découvert. Imposteur. Vous n'êtes qu'un imposteur (p. 155).

L'accord des consciences s'appuiera donc sur un cheminement commun. «Reconnu(s) coupable(s) à la face du monde» (p. 23), ces deux «étrangers» pourront à nouveau s'unir sauvagement dans la «sainte barbarie».

Par ailleurs, l'emploi de la deuxième personne du singulier pour désigner George Nelson présente une légère variante par rapport à celui de la deuxième personne du pluriel de politesse. Autant le «vous» pouvait-il connoter l'isolement de George Nelson par le caractère collectif donné à la dénonciation, autant le «tu» permettra plus tard à la narratrice d'associer ses pensées complices à celles de son amant:

> Lorsqu'il est question de *toi,* je m'approche si près que j'en ai le vertige. Autant méditer avec *toi* tes histoires de famille (et plus que *tes* histoires de famille). Tout le long du chemin de retour, de Québec à Sorel [...]
>
> Vois je ne *te* quitte pas. Sans égard pour *ton* deuil, je ramène *ta* pensée, infatigablement sur *ta* vraie vocation, à *toi,* mon amour. (A chacun sa vocation; *ta* famille *te* tient lieu d'alibi). Assassin! *Tu* es un assassin! Je suis *ta* complice et *ta* femme et je *t'*attends à Sorel (p. 171).

Symboliquement, cet événement du voyage de George Nelson à Québec constitue un point tournant dans le récit et consacre désormais l'irréversibilité de son destin qui devra s'accomplir plus tard à Kamouraska. Cette étape marque la fin des tergiversations dénoncées par l'emploi du «vous». La suite du texte fera alterner exclusivement le «tu» et le «il», jusqu'à ce que le dénouement du drame oblige une fois de plus Elisabeth à renier sa «plus profonde allégeance» (p. 248), en se dissociant définitivement des agissements de son amant:

> *Vous* parlez en langue étrangère, docteur Nelson. Non je ne connais pas cet homme![16] [...] Voyez comme on nous montre du doigt. C'est moi qui *vous* ai poussé de l'autre côté du monde [...] *Votre* visage au retour posé sur moi, inconnaissable à jamais. Terrifiant. Non je ne connais pas cet homme! Découvert, docteur Nelson. *Vous* êtes découvert. Etranger. Assassin (p. 249).

Enfin, quant à céder à ses personnages l'initiative du récit par l'utilisation du «je / nous» homodiégétique, la narratrice n'y consentira qu'en de très rares occasions et pour de très courts segments narratifs. Les seuls personnages à pouvoir bénéficier d'un tel traitement seront George Nelson et les tantes Lanouette. Encore faudra-t-il y voir là paradoxalement une manifestation de plus du contrôle exclusif d'Elisabeth Rolland conféré par le rêve sur un récit rétrospectif.

Toute une écriture de fictions s'élabore dans la narration d'Elisabeth Rolland à partir des lacunes de l'expérience factuelle vécue par Elisabeth Tassy. Le temps réinventé des multiples rencontres entre George et Antoine au collège, le récit des rêveries de George, obéissent chez la narratrice à cette poursuite du sens au-delà des limites du vécu.

Ainsi, le personnage de George Nelson sera amené par la narratrice à cautionner cette fiction narrative par son «je», dès qu'il sera question pour lui d'expliquer l'obscure motivation de son action, désormais empreinte d'une gravité nouvelle dans le contexte commémoratif

---

16 Cet intertexte biblique est d'autant plus significatif qu'il se répète trois fois, avec chaque fois plus d'intensité dans l'énonciation de la phrase. Voir pp. 204, 248, 249.

alors en voie d'élaboration:

> *Je* lui prendrai sa tour. *Je* lui prendrai sa reine. *Je*
> lui prendrai sa femme, il le faut. *Je* ne puis
> supporter l'idée que... Je rétablirai la justice initiale
> du vainqueur et du vaincu. Le temps d'un éclair,
> entrevoir la réconciliation avec soi-même, vaine-
> ment cherchée depuis le commencement de ses
> souvenirs. Se découvrir jusqu'à l'os, sans l'ombre
> d'une imposture. Avouer enfin son mal profond.
> La recherche éperdue de la possession du monde.
> Posséder cette femme. Posséder la terre (p. 129).

L'autre application de l'homodiégétique (je) concerne les tantes Lanouette dont on rappelle les témoignages au cours de l'instruction. La narratrice leur confiera
temporairement la responsabilité d'une narration à
l'unisson en monologue intérieur:

> Risquer son âme, mais sauver l'honneur de la
> famille. Ramener la Petite à la maison, la sortir du
> déshonneur et de la prison. Sauver la Petite, elle est
> si belle. On lui donnerait le bon Dieu sans
> confession. Il ne faut pas que le procès ait lieu.
> *Nous* leur apprendrons, à tous ces gens de rien,
> l'impunité due à certaines familles (p. 47).

Tout en s'effaçant derrière le discours homodiégétique qu'elle leur prête, Elisabeth Rolland nous laisse déjà
deviner par son ironie emphatique, la manipulation à
laquelle elle se livre avec ses trois «personnages»:

> Elle n'aura qu'à paraître pour confondre ses
> accusateurs; droite, hautaine, superbe et rouée.
> Cette chair rayonnante qu'elle a, la Petite, cette
> haute taille, ces robes bien coupées, cette morgue
> au coin de la bouche, le regard aveugle des statues,
> insoutenable. Elle passerait au cœur du feu, sans se

brûler, [17] au plus profond du vice sans que s'altère son visage. La tragique, dure vertu de la beauté suffisante, invente ses propres lois. Vous ne pouvez comprendre. Elle est au-dessus des lois de la terre. Soutenez donc son regard vert, couleur d'herbe et de raisin, si vous le pouvez (p. 47).

Pourtant confrontées à la dure réalité, les tantes semblent s'obstiner ici à poursuivre leur «petit morceau de roman» (p. 46) à l'encontre de l'évidence de leur échec. Nous apprendrons d'ailleurs plus loin qu'elles sont mortes de chagrin d'avoir eu à vivre brutalement cette coïncidence avec la réalité. Comme des «souris empoisonnées sous la plinthe du vestibule» (p. 97) qui n'auront pas su se défendre contre les apparences, confondant à cause de la fiction dont elles s'aveuglaient, [18] nourriture et poison.

L'extrait suivant illustre de façon ironique cette obsession des tantes à vouloir nier la culpabilité d'Elisabeth malgré l'évidence. L'emballement du discours intérieur aura engendré un récit au troisième degré (méta-métarécit), conduit sous l'autorité en apparence exclusive des trois tantes. Cependant la narratrice a soigneusement ménagé ses effets en en faisant un «récit empêché», structuré au niveau de la narration sur le modèle de la «sornette». Dans un article paru ces dernières années, [19] Mme Jeanne Demers définit ce type de récit en ces termes:

---

17 Cette image de la salamandre appartient en propre à Elisabeth Rolland qui l'utilisait déjà à la page 10: «Après un tel enfer. L'épreuve de l'horreur sur une chair incorruptible. Voyez vous-mêmes? La salamandre».

18 «(Elles) délaissent la lecture de leurs romans favoris. Elles comblent le vide de leur existence. Vivent profondément, par osmose, l'état de veuve éplorée et toute une enfance sauvage» (p. 55).

19 «De la sornette à l'Amante anglaise»: *Etudes françaises,* no 14 / 1-2, avril 1978.

Un récit second [troisième dans *Kamouraska*][20] faisant appel aux personnages déjà présentés par le narrateur du récit premier [second dans *Kamouraska*], et dont il pousse la ressemblance avec le récit premier [second pour nous] au point de redonner textuellement celui-ci, se trouvant ainsi à engendrer indéfiniment des récits tous pareils (p. 7).

Ces récits sont toujours empreints d'une certaine ironie, nous dit-on, à l'égard d'auditeurs ou de lecteurs exigeants, toujours insatiables de nouvelles histoires. Ici, le rapport est inversé. Les «auteurs» eux-mêmes (les tantes, devenues narratrices pour la circonstance) sont bernés par leur propre récit rendu totalement inopérant, après qu'on les ait malicieusement enfermés dans la logique absurde du cercle vicieux. A refuser de compter avec le temps, les narratrices du méta-métarécit reprendront intégralement toutes les étapes d'une évolution qui s'était pourtant révélée si néfaste dans son aboutissement:

Nous la ramènerons à la maison, *nous* la consolerons. *Nous* la *laverons,* de la tête aux pieds, ses longs cheveux aussi. Dans de grandes cuves de cuivre rouge. Du savon parfumé. Dans de grandes serviettes très blanches. *Nous* la roulerons dedans, comme un nouveau-né [...] *Nous* lui referons un honneur infranchissable. Une réputation inattaquable [...] Trois petites fées pointues se penchent sur son berceau. *Nous* élèverons cette enfant. *Nous* lui apprendrons à lire. *Nous* lui ferons faire sa première communion. *Nous* l'amènerons au bal du gouverneur. *Nous* lui ferons faire un grand mariage. Antoine Tassy seigneur de Kamouraska. / Seigneur, Antoine... Kamouraska... Ah mon Dieu! Un grand mariage... c'est un bien grand

---

20 Les parenthèses sont de nous.

péché, Elisabeth! Qui a tué ton pauvre mari dans la
neige? Dans l'anse de Kamouraska? La neige...
Tout ce *sang*... (p. 47-48)

Cette mécanique monstrueuse poursuivrait sans fin
son étourdissant manège narratif si Mme Rolland
n'intervenait pas pour rendre au récit son sens des
perspectives. Les «trois petites Lanouette» sont aussitôt
dépossédées de tout droit de parole et réduites à de
grotesques figures, tournées en dérision au milieu d'une
arène de cirque. Mise en scène qui se retourne enfin contre
la narratrice, alors qu'on l'oblige à subir le numéro de la
«femme au poignard» (p. 49).

Le discours théâtral du récit second

Dans ce nouvel espace, où s'«écrit» le passé
d'Elisabeth Rolland, on ne trouve que le «strict nécessaire
[...] avec tout juste ce qu'il faut de vie» (p. 95) pour la
circonstance. C'est même cet aspect factice de l'ensemble
qui constitue la principale caractéristique de ce «lieu
narratif».

Par exemple, rien ne ressemble vraiment ici à la
maison qu'habitait autrefois Elisabeth d'Aulnières, rue
Augusta. La narratrice du «rêve» est maintenant forcée de
pénétrer dans une maison fermée à «l'odeur fade et
puissante» (p. 58). Son «crépi arraché», la «poussière fine
des gravats»: tout suggère une maison à l'abandon,
devenue inhabitable par son délabrement.

La chambre tout entière est rongée. Elle tient
debout par miracle et s'est déjà écroulée. A été
remise sur pied, exprès pour cet instant aveuglant
(p. 104).

C'est dans un «musée» qu'évolue la narratrice,
piètre décor conçu sans grand souci de vraisemblance. Les
objets eux-mêmes trahissent leur vieillissement: étoffe

effilochée de la coiffeuse, glace piquée, etc...

Sur ce tréteau[21] éclairé d'un faisceau lumineux se jouent successivement les «grandes scènes» de la vie d'Elisabeth, «comme s'il n'y avait jamais eu de première fois» (p. 96). Elisabeth Rolland doit se conformer à cette directive explicite des juges, jusqu'à même devoir revêtir chaque fois le costume approprié au «rôle»:

> Toute une éducation de fille riche se déroule en bon ordre. La soie, la batiste fine, la mousseline, le velours, le satin, les fourrures et le cachemire succèdent rapidement au tulle de la première communion. Les cahiers de mode, les ballots de tissus [...] *échouent dans le vestibule délabré. Lieu de la reconstitution* (p. 59).

Qu'Elisabeth Rolland tente de s'y soustraire, et voilà toutes les portes closes. Dans la chambre, Aurélie «est là qui bloque le passage»; la scène du médecin doit bientôt commencer:

> (Ma mère) me dit que je suis malade et qu'il faut me coucher [...] Je me déshabille et je mets une chemise garnie de dentelle, *préparée à cet effet* [...] Mon lit est plus haut que d'habitude [...] placé sur une sorte d'estrade. La lumière de plus en plus violente, tombe maintenant en faisceaux du plafond, au-dessus de mon lit (p. 106-107).

Le jeu de simulation se dénonce de lui-même par les artifices qui le sous-tendent, et leur désignation explicite par la narratrice nous informe de l'univers spectral où elle évolue en compagnie des autres personnages:

> Il y a un soleil qui bouge au ciel. Une lueur rouge plutôt qui *fait semblant* d'être le soleil. *Simule* le

---

[21] «Une seule maison demeure tout illuminée. Pareille à un tréteau» (p. 54).

déroulement régulier des jours et des nuits. *Dans un autre monde, une autre vie* existe, mouvante et bouleversante. De vrais arbres bourgeonnent dans le bourg de Sorel et dans la campagne alentour. On assure que c'est le printemps (p. 142).

Si «chacun semble vaquer à sa tâche ordinaire et quotidienne», ce ne peut être qu'une illusion. Elisabeth Rolland sait que «toute la maisonnée est investie de son rôle d'observateur et de rapporteur» (p. 111). L'espace est contaminé par des paroles et des gestes maladroitement empruntés au passé. Ce qui peut parfois donner lieu à certaines situations cocasses. Comme dans le cas des tantes qui se «font une maladie de penser [par anticipation sur l'histoire à venir] à leur faux témoignage» (p. 111), au moment où elles n'en sont encore qu'à attendre la deuxième visite du médecin. Soit également des situations insolites comme celle où Antoine Tassy est appelé par le «rêve» d'Elisabeth Rolland à «jouer son rôle [...] du fin fond du bout du monde et de la mort» (p. 111). Ici, tout a déjà été dit et accompli une première fois dans le passé.

A Kamouraska l'impression de «déjà vu» est similaire. C'est dans les ruines du manoir que se «jouera» le retour du voyage de noces. Avant que ne s'éveille le «paysage pétrifié», l'œil d'Elisabeth Rolland aura pu parcourir l'étendue du désastre causé par l'incendie de 18..., quelque temps après les événements du meurtre d'Antoine Tassy. Puis Mme Tassy, mère, revêtue de ses longs voiles de deuil, «émerge de la pierre calcinée» (p. 77) pour leur souhaiter la bienvenue, «[*reprenant*] malicieuse-ment son speech du premier jour de [leur] arrivée au manoir» (p. 78). Trois coups de canne de la belle-mère sur le plancher, et la narratrice se perd elle-même temporaire-ment à ce jeu, oubliant les herbes sauvages qui poussent partout dans la maison, les «petits carreaux noirs de fumée» (p. 77), le fragment de miroir recouvert de suie, etc.

Trois coups bien distincts [et elle] nous abandonne
à notre destin d'histrions. Se retire. Méprisante.
— Tout ca c'est du théâtre.
Nous sommes livrés à nous-mêmes. Pour le
meilleur et pour le pire. Antoine Tassy et moi,
Elisabeth d'Aulnières, sa femme (p. 85).

Répétée ultérieurement dans le rêve, cette phrase
de la belle-mère révélera alors son caractère «magique»
par la colère qu'elle aura su provoquer chez Elisabeth
Rolland. A ce stade du récit, il s'opérera une
transformation radicale chez la narratrice qui semble alors
s'éveiller d'un long «sommeil». [22]

---

22 Notre emploi fréquent des guillemets vise à souligner ici par
redondance la présence d'une intertextualité de genre (le conte). Les mots ou
expressions de «sommeil», «phrase magique», «envoûtement» que nous
utilisons, renvoient à ceux de «vieille sorcière» (belle-mère), «princesse»,
«prince charmant», «prince des ténèbres», «dragon», etc..., employés par la
narratrice pour connoter les rapports qu'entretiennent les actants à certains
moments de l'histoire. Plus spécifiquement, c'est le conte *La Belle au Bois
dormant* qui semble se profiler ici. On note, par exemple, que l'instance
littéraire choisit l'âge de 16 ans comme celui du mariage d'Elisabeth
d'Aulnières avec Antoine Tassy. Pourtant on verra dans l'annexe III, *Le
drame de Kamouraska d'après les documents de l'époque,* que le fait divers
mentionne l'âge de 18 ans pour le même événement. On sait que, dans le
conte, la princesse s'endort précisément à 16 ans après s'être piquée avec un
fuseau, selon la prédiction faite à sa naissance par la *huitième* fée — cette
sorcière qu'on avait omis délibérément d'inviter pour l'événement. La jeune
fille ne s'éveillera que 100 ans plus tard. Comme on le voit, le chiffre huit
signifie quant à lui l'échec des sept dons d'usage proférés par les sept autres
fées. Ce qu'évoquera Elisabeth Rolland en parlant de l'injustice de sa
condition présente: «Tous ces chers petits nourris à la mamelle, puis semés,
suralimentés à nouveau, pissant et bavant dans la dentelle et le cachemire.
Gavés, lavés, repassés, amidonnés, froufroutés, vernis et bien élevés [...] *Huit
petits dragons,* mâles et femelles, prêts à témoigner pour elle, Elisabeth
d'Aulnières. *Sept sacrements plus un. Sept péchés capitaux, plus un. Sept
petites terreurs, plus une.* Soudain réveillées. Poussant leur cri de guerre. *Sept
petites sagesses, plus une* [...]» (p. 19-20).
    Nous poursuivrons cette analyse symbolique au cours de
quelques autres annotations ultérieures. Voir le chapitre quatrième, note 24 et
la conclusion, notes 7 et 10.

— Tout ça, c'est du théâtre.

Comme si je n'attendais plus que ce signal, j'entre en scène [...] Je me déchaîne. J'habite la fièvre et la démence comme mon pays natal (p. 115).

Ce sont deux conceptions du théâtre qui s'affronteront ici: le théâtre de la vertu et celui de la démence. Conservez vos distances avec tout ce qui est choquant et grossier, dira Mme Tassy, mère. Ignorez tout simplement. Ceux qui vous disent que la vie est belle ne font pas autrement. Elisabeth affirme au contraire la nécessité de l'implication totale, exigée par son théâtre de la cruauté: «Emotions, fièvres, cris, grincements de dents. Je ne crains rien, sauf l'ennui» (p. 78).

Mais après le drame de Kamouraska, le calcul rationnel lié à l'honneur aura eu raison de l'exubérance émotive d'Elisabeth Tassy qui se voit alors contrainte — «mon obscure, profonde, inexplicable, fraternelle complicité avec eux. Mon épouvante» (p. 237) — d'adopter le «masque froid de l'innocence» (p. 249) imposé par sa belle-mère.

Tant d'années ont passé depuis sous l'effet de cet «envoûtement»! Jusqu'au jour où les circonstances exceptionnelles de l'agonie de Jérôme Rolland agiront sur Elisabeth Rolland comme un véritable exorcisme. Le charme est rompu; le long sommeil empoisonné de vingt et une années, traversé comme un miroir; la parole, retrouvée.

On ne peut donc plus douter des intentions de l'instance littéraire. Nous sommes conviés à une reconstitution du passé qui prend la forme d'une représentation théâtrale.

Soit par refus, soit par impuissance à réintégrer les lieux évoqués dans l'histoire narrée, Elisabeth Rolland est confinée à un espace réduit, condamnée au supplice de l'aliénation spectaculaire. [23]

> Ce silence. Cette impression amère du *déjà* vécu. L'aspect étrange du feu surtout. *Une sorte d'éclat froid, immobile. L'apparence du feu plutôt, sans clarté, ni chaleur.* Les draps de toile garnis de jours. Le fin quadrillage de la toile extrêmement visible, *comme à travers une loupe.* La table de chevet au dessus de marbre. Je pourrais suivre le cheminement des veines noires éclatées, dans leurs moindres méandres et éclaboussures.
>
> Ce n'est pas tant la netteté des choses en soi qui me bouleverse. Mais *je suis forcée (dans tout mon être) à l'attention la plus stricte. Rien ne doit plus m'échapper* (p. 104).

Aussi, le principal intérêt de ce récit parallèle tient-il non plus aux souvenirs eux-mêmes, mais bien au *spectacle* qu'on s'en donne. Et devant une intrigue maintes fois trahie, un seul événement peut encore mériter l'attention du lecteur: les étapes du procès d'Elisabeth Rolland devant des «juges intraitables» (p. 96).

Dès le début du rêve, la maison de la rue Augusta est investie par les témoins du passé venus en foule participer au spectacle de la reconstitution:

> Je regarde fixement devant moi. A droite et à gauche de ma personne il se passe pourtant quelque chose que je ne vois pas. Cela se rapproche de moi, des deux côtés à la fois. Cela me frôle. Me presse. Contre mes flancs. On froisse ma jupe. On touche mon genou. Je suis soulevée de terre. Prise sous les bras par deux bras vigoureux. Vais-je subir *encore une fois* cet affront? Encadrée de deux policiers me

---

23 Spectacle de sa propre impuissance à changer le passé.

> faudra-t-il franchir la porte, là devant moi? Les
> témoins! Ils sont tous là, massés *dans le grand
> salon,* à l'abri derrière les volets fermés. Je les
> entends qui chuchotent. Je n'accepte pas d'être
> confrontée avec ces gens-là: domestiques, auber-
> gistes, bateliers, paysans. Témoins sans importan-
> ce. Contre moi personne ne fait le poids (p. 57).

Toute une activité qui suggère les préparatifs d'un procès:

> Derrière la porte les témoins se taisent. Je les
> entends respirer, toussoter, renâcler, froisser du
> linge ou du papier, en sourdine. Tout un
> piétinement confus et nerveux emplit le grand salon
> (p. 58).

Ce cadre narratif subordonne tout le métarécit
(récit second) aux nécessités formelles d'une situation
scénique. On parle pour être entendu. Aucune action ne
peut désormais se soustraire aux regards de spectateurs
omniprésents.

Le rêve est ainsi jalonné de références explicites au
«procès» en cours qui assure sa continuité au récit
parallèle. On mettra longtemps à commencer ce procès
qu'Elisabeth Rolland cherche continuellement à différer.
Un long détour par Kamouraska l'aura finalement
ramenée au point de départ, rue Augusta, où doit se jouer
une première scène compromettante pour elle: celle du
docteur Nelson au chevet d'Elisabeth Tassy:

> Justine Latour (qui étend la lessive derrière la
> maison) signale l'arrivée du médecin en faisant
> claquer des serviettes mouillées dans le vent. *Trois
> coups distincts. Pour prévenir le juge John
> Crebessa.*
>
> [...] Je passe mes deux bras autour du cou de cet
> inconnu qui sent le tabac frais. J'ai beau savoir que

le juge n'attend que ce geste de moi pour orienter toute son enquête. Rien ni personne ne peut me retenir. Ni mon orgueil. Il faut que je coure à ma perte (p. 111-112).

Une deuxième scène incriminante tentera d'engager définitivement le processus judiciaire. L'inclusion d'un rêve au second degré à l'intérieur du rêve d'Elisabeth Rolland — forme du méta-métarécit (récit troisième) — place la narratrice dans une situation qui permet cette fois sa mise en accusation formelle:

Mon amour dit que j'ai la fièvre. Il m'embrasse sur le front. Remonte les couvertures jusqu'à mon menton [...] Il sort sur la pointe des pieds. (Début du récit troisième).

Je plonge dans le noir. Refuse d'ouvrir les yeux [...] Je saute à bas de mon lit et me précipite hors de la maison. Sans prendre le temps de m'habiller [...] Trop tard! Il est trop tard! La rue est pleine de monde. Une animation extraordinaire règne dans la rue, malgré la nuit. *Quelqu'un dit que mon procès est commencé.* Les témoins me dévisagent et me reconnaissent. Jurent sur l'Evangile (p. 167).

Cependant nous devrons attendre l'événement du voyage de George Nelson à Kamouraska, avant que débute véritablement ce «procès». Cette étape cruciale du récit second fera d'ailleurs l'objet d'une analyse détaillée au cours des deux prochains chapitres.

Chapitre III

Le temps du récit

Le temps du récit

Récit premier / Récit second

D'abord nous distinguerons le récit premier et le récit second du simple point de vue de la position temporelle adoptée par leurs narrateurs respectifs. La relativité de toute situation narrative nous oblige en effet à situer les événements narrés par rapport à un niveau temporel préalablement déterminé, permettant par la suite à toute anticipation ou rétrospection de se définir comme telle.

Vu du récit premier, qu'on situe en 1860, le récit second semble une longue rétrospection dont la portée[1] est d'environ 40 ans et l'amplitude[2] de 20 ans. Ce qui essentiellement pourrait en faire une «narration ultérieure», au sens classique du récit traditionnel, n'était de l'emploi généralisé du présent de narration qui oblige la narratrice du second niveau de récit à vivre la

---

1 Distance temporelle plus ou moins grande par rapport au moment «présent», c'est-à-dire du moment de l'histoire où le récit s'est interrompu pour lui faire place. Voir Genette, *op. cit.,* p. 89. L'histoire débute à partir de la grossesse de Mme d'Aulnières, p. 51. Donc en 1819, puisqu'on sait qu'Elisabeth avait 20 ans en 1839 au moment du meurtre.

2 La «couverture» plus ou moins longue d'une durée d'histoire. Voir Genette, *op. cit.,* p. 89.

contemporanéité de l'action, présentée comme passée par rapport au récit premier.

Opposer la longue rétrospection du récit second à ce présent, comme le passé défini se situe de façon diamétralement opposée au présent, serait fausser la perspective narrative dans laquelle le roman a pu être pensé. Au contraire, pour que la forme narrative du monologue intérieur conserve encore ici le sens d'un vécu immédiat qui la caractérise, elle se doit d'être plus qu'un simple procédé fonctionnel de réactualisation du passé.

Le présent du récit premier exprimera donc une attente angoissée qui à la fois réclame et repousse l'explication de ces causes. Plus qu'un simple retour au passé, dont le récit premier ne serait que le prologue, cette longue rétrospection se révèle au contraire comme son prolongement véritable, son développement effectif en quelque sorte.

Au moment où le récit débute, dans les toutes premières pages du roman, le temps se remet en marche après avoir été longtemps suspendu au silence forcé d'Elisabeth Rolland. «Rêver, m'échapper, perdre de vue l'idée fixe» (p. 9): la narratrice reprend maintenant pour le poursuivre le travail symbolique de la tapisserie, laissée inachevée par la protagoniste, Elisabeth Tassy, afin d'en arriver vingt et un an plus tard à une réconciliation avec elle-même. La vraie vie est ailleurs,[3] et *cet ailleurs réside au niveau du temps.* Placée dans l'incapacité de revivre fidèlement son passé, la narratrice lui prêtera alors des formes nouvelles jusqu'à le réinventer parfois entièrement par son «écriture» narrative.

Par ailleurs, au-delà de la division récit premier / récit second établie jusqu'ici, les deux niveaux de récit

---

3 *Kamouraska*, p. 104.

participent d'une durée commune où s'ordonnent les éléments successifs d'un devenir. Une grande articulation narrative coordonne l'action des deux niveaux de récit, conjugués au présent réel de la narration. C'est cet axe qui assurera l'unité de la composition au niveau temporel. Voici comment.

A la faveur de circonstances inattendues, le passé d'Elisabeth Rolland a déjà commencé à opérer un mouvement de retour vers le présent. Ces irruptions du passé dans le présent se multiplient dès les premières pages de *Kamouraska,* et l'économie de la personnalité d'Elisabeth Rolland semble en être constamment menacée. Il y a d'abord cette «filature» dont elle se croit victime en pleine ville de Québec. Puis ce sont les coïncidences de situations ou de personnes: soit le poison confié autrefois à Aurélie Caron, vu maintenant sous la forme de carrés de sucre, ou encore ce visage d'Aurélie Caron, fondu dans celui de Florida.

Mais il y a mieux encore. Elisabeth Rolland vivra une situation propre à illustrer de façon précise cette rétrogression évoquée plus haut. Elle s'interroge en effet, sur la présence d'une charette dont elle entend le bruit au loin et qui va se rapprochant. Il est alors deux heures du matin. Cette obsession constituera l'une des principales articulations narratives de l'intrigue diégétique (récit premier). Reprise maintes fois dans différents contextes, elle en vient à dessiner la *voie symbolique* qu'emprunte le passé pour réintégrer progressivement la conscience d'Elisabeth Rolland. Voyons d'abord ce qu'il en est dans la première partie du roman.

La charrette s'est sûrement arrêtée devant la porte. Mme Rolland cherche des yeux un refuge dans la pièce (p. 13).

Le timbre de la sonnette déchire le silence de la nuit [...] (p. 20).

> C'est cela la folie, se laisser emporter par un rêve; le laisser croître en toute liberté, exubérant, envahissant. Inventer une horreur à propos d'une charrette égarée dans la ville. S'imaginer qu'un charretier sonne à la porte en pleine nuit (p. 23).

> — Jérôme, il y a une charrette arrêtée dans la rue, à notre porte!

> [...] M. et Mme Rolland se taisent. Longtemps, ils suivent le bruit de l'attelage s'enfonçant dans la nuit (p. 24).

> [...] Se protéger, se barricader contre toute attaque de l'extérieur (p. 25).

Et si Florida met fin au suspens, en donnant à son insu l'explication «logique» de cette présence, ce ne peut être que temporairement comme nous le verrons un peu plus loin.

> C'est jour de marché. Il y a des charrettes qui passent dans la rue. Madame peut aller dormir. Il n'y a pas à s'inquiéter pour Monsieur. Je suis là (p. 29).

Aussi, lorsque la narratrice évoquera plus tard dans son rêve l'image d'une seconde charrette, celle de George Nelson à son retour de Québec, devrons-nous y voir la reprise de cette même obsession initiale.

> Dans une si *horrible nuit* quelqu'un me souffle que le roi de la vase *vient vers moi. Me traînera* par les cheveux, *me roulera* avec lui dans des fondrières énormes, pour me noyer.[4]

---

4 *Op. cit.,* p. 174. Ce «roi de la vase», qu'est George Nelson, a été malencontreusement confondu par M. Albert LeGrand avec Antoine Tassy. Voir: «Kamouraska ou l'Ange et la Bête», *Études françaises,* vol. 7, no 2, p. 136. Qu'il suffise de rappeler le contexte du voyage de George Nelson à Québec, qui «*se fait dans la pluie et la boue*» (p. 169). Citons également un

C'est par ce «bruit de galop» et ce «grincement d'essieux effroyable» (p. 169) que s'annonce la venue prochaine de la seule figure vivante du passé: George Nelson.

Mais de quelle «nuit» s'agit-il ici? Celle d'autrefois, alors qu'Elisabeth Tassy attendait le retour de George Nelson? Comment expliquer alors sa préscience de leur échec commun et de l'honneur perdu («me roulera avec lui dans des fondrières énormes, pour me noyer»), tous ces événements d'après le meurtre et vécus beaucoup plus tard par la protagoniste de l'histoire? Rappelons que nous n'en sommes alors qu'au voyage à Québec (p. 174).

Au contraire, l'image de cette charrette reflète plutôt les anticipations de l'angoisse d'Elisabeth Rolland à l'approche des événements marquants de la «reconstitution», toute occupée à la ré-écriture du souvenir dans la nuit de son rêve.

D'autre part, corrélativement à cette progression syntagmatique du récit, semble s'opérer une transformation importante dans le visage d'Elisabeth Rolland. Placées toutes deux dans un rapport de cause à effet, ces deux situations évoluent conjointement à travers tout le roman: le déplacement d'une charrette dans l'«espace» entraînant les transformations du visage d'Elisabeth Rolland dans le «miroir».

Ainsi, on se souviendra qu'au début du récit Elisabeth Rolland se réfugie devant la glace en pied de sa chambre pour oublier la présence de la charrette arrêtée sous ses fenêtres. Sa propre image s'offre alors comme «le secours le plus sûr», Elisabeth ajoutant pour elle-même: «Mon âme moisie est ailleurs. Prisonnière, quelque part,

---

extrait de la page 187 qui constitue un rappel par rétrospection de la présente situation, et l'annonce d'une autre, ultérieure, qui s'y trouve relié: «Peut-être est-il (George) secrètement mêlé et confondu au froid de l'hiver? *Comme il a été mêlé et confondu à la boue des chemins, un soir d'automne*».

loin. Je suis encore belle» (p. 14).

Plus tard au cours du récit second, il sera fait mention une seconde fois de cette «âme-prisonnière» du miroir. Suite à l'évocation implicite par la protagoniste, Elisabeth Tassy, du désir secret de tuer son mari, un commentaire de la narratrice, Elisabeth Rolland, viendra suspendre temporairement le métarécit, lui permettant ainsi d'exprimer ouvertement son malaise grandissant:

> *Mon âme doit me rejoindre par des chemins inconnus.* Je me sens si lasse, tout à coup. Cette obligation que j'ai de me débarrasser de mon mari […] (p. 161)

Malgré l'alibi de son «doux visage», Elisabeth Rolland / Tassy n'est pas sans déjà pressentir sa nouvelle identité, soit cette «âme prisonnière» émergeant peu à peu des eaux troubles du miroir. Soulignons que cette métaphore d'une «âme en marche par des chemins inconnus» trouve son pendant un peu plus avant dans le texte dans une autre métaphore: «ma vie chassée me rejoint au galop» (p. 112). L'évolution de l'âme prisonnière du miroir trouve ainsi son corollaire dans celle d'une charrette tirée par un «cheval au galop», à mesure qu'avance le récit.

Enfin le mouvement cyclique de réintégration s'achève par le troisième mouvement de cette grande articulation narrative: le «retour de George Nelson».

> A peine retournée contre le mur… Un galop de cheval se lève, comme la poudrerie dans l'anse de Kamouraska, balaye tout de son train d'enfer. Me poursuit! Va me renverser! Me tuer! Je suis hantée! Soudain, succédant à la fureur, un pas tranquille de cheval de corbillard prend la relève […] Surtout, *ne pas sortir de ma nuit* au moment même où *mon amour revient vers moi…* Je dois être là, rue

Augusta, pour accueillir George Nelson (p. 239).

Dès lors, Elisabeth Rolland s'éveillera pour constater l'irréversible métamorphose opérée par le «rêve» sur son visage:

> Mon image ternie dans la glace. Après une si longue nuit. Effacer cette buée d'un revers de manche. *Retrouver ma jeunesse...* (p. 246)

On retrouve donc une continuité temporelle entre les deux niveaux de récit. Ce qui établit par conséquent la prépondérance du vécu immédiat d'Elisabeth Rolland sur le passé d'Elisabeth Tassy. Il ne saurait s'agir ici d'un «présent historique» dissimulant un passé, mais bien de l'expression formelle d'un véritable monologue intérieur qui exerce sa fonction de narration simultanée.

Récit second

La «reconstitution historique» entreprise par le récit second se caractérise principalement par l'aspect confus et désordonné des souvenirs. C'est l'«envers de la tapisserie» qu'il nous faut maintenant regarder pour connaître les véritables «motifs» de cette composition.

Malgré l'enchevêtrement des anachronies narratives,[5] on distingue pourtant la trame d'un certain ordre chronologique qui traverse tout le récit. Le tableau suivant tentera d'illustrer dans ses grandes lignes les étapes de cette chronologie. Mais on comprendra qu'une telle généralisation ne puisse suffire à rendre compte du détail, pourtant constitutif de toute organisation complexe en matière de temps. Ces jalons n'en permettront pas moins de situer comparativement plus tard toute dérogation à cette norme.

---

5 Les différentes formes de discordance entre l'ordre de l'histoire et celui du récit. Voir Genette, *op. cit.*, p. 79.

Par ailleurs, des informations supplémentaires sur la longueur du texte (en nombre de pages) accordée à chacune des périodes d'histoire complètent le tableau. Ces précisions sur les rapports de durée entre le récit et l'histoire se révèleront très utiles pour l'étude de certains effets rythmiques créés par le jeu d'asynchronie.

Au-delà du cadre étroit délimité par cette ponctuation scolaire de la chronologie, les anachronies de détail sont nombreuses, comme nous le verrons plus loin. Néanmoins ce grand vecteur autobiographique esquisse le mouvement général de l'ensemble. Malgré les anticipations et rétrospections répétées du récit, son orientation semble irréversiblement assurée par la grande ellipse du 31 janvier 1839.[6]

Déjà inscrit au niveau de la structure générale, le récit «chronologique» sera bientôt assumé de façon explicite par la narratrice:

> Je frappe dans mes mains. (Je ne sais quelle réserve de force, quel sursaut d'énergie). Chasser les fantômes. Dissiper l'effroi. Organiser le songe. Conserver un certain équilibre. *Le passé raisonnable, revécu à fleur de peau. Respecter l'ordre chronologique.* Ne pas tenter de parcourir toute la vie d'un coup. A vol d'oiseau fou, dans toute sa longueur, son épaisseur, sa largeur, son éternité dévastée. Se cabrer au moindre signe de la mort sur le chemin, comme un cheval qui fait demi-tour [...] *J'ai ce pouvoir. Je m'y raccroche* (p. 97).

Jusqu'à ce moment du récit, l'assaut des premières images et le désordre hallucinatoire des cauchemars n'avaient pas encore permis à la narratrice d'exercer sa maîtrise sur un récit d'ailleurs imposé par l'instance

---

6 Voir au chapitre IV l'étude du mouvement concentrique de la spirale.

initiatrice de la Voix.

Un sens plus juste de l'économie conduira la narratrice à la décision d'intervenir directement dans le récit. L'organisation chronologique des événements permettra ainsi d'éviter que son histoire ne soit perturbée par la connaissance qu'elle a déjà, comme narratrice, de son dénouement. Toute évocation directe, par la mémoire ou par l'imagination, du meurtre lui-même et de sa victime est alors contenue dans les limites du programme narratif qu'elle s'est tracé.

Par contre, bien qu'Elisabeth Rolland sache pertinemment qu'elle ne pourra échapper à l'obligation de revivre sa vie jusqu'au bout, on la verra tenter de composer avec le temps dans les derniers moments du récit, pour retarder sa confrontation avec cet instant précis du retour sur les lieux du crime. Parvenue à cette dernière étape du voyage de George Nelson à Kamouraska, «gagner du temps» (p. 209) constitue pour elle le seul parti qui lui permette de s'opposer au mouvement du temps déjà consommé une première fois, et qui bientôt rejoindra son terme. C'est à ce niveau, comme nous le verrons plus loin, que s'exercent le mieux ses pouvoirs narratifs, par la création d'une dimension intemporelle proche du mythe.

Par ailleurs, le tableau I peut offrir également de précieuses informations sur le rythme du récit. Les disproportions énormes qui existent entre le temps accordé de fait par l'histoire à certains événements et l'importance que leur prête le récit en nombre de pages sont très significatives. L'exemple le plus notable est sans doute celui d'un voyage de dix jours à Kamouraska qu'on mettra cinquante et une pages à décrire. Alors que dix-neuf ans de la vie d'Elisabeth (de la naissance au retour à Sorel) n'occuperont pas plus de quarante-huit pages, soit approximativement le même espace textuel dans les deux cas.

Tableau I

TEMPS CHRONOLOGIQUE	ÉVÉNEMENTS	TEMPS DU RÉCIT
1819-1835 (0 à 16 ans)	Naissance. Enfance et adolescence d'Elisabeth d'Aulnières dans la maison de la rue Augusta.	26 pages (pp. 42-68)
1835 (15 jours)	Mariage d'Elisabeth d'Aulnières et d'Antoine Tassy. Voyage de noces à Kamouraska.	6 pages (pp. 69-75)
1835-1837	Vie commune d'Elisabeth et d'Antoine Tassy à Kamouraska	16 pages (pp. 75-91)

«Intervention de la narratrice (Elisabeth Rolland) pour «organiser le songe», en «(respectant) l'ordre chronologique» (p. 97).

1837-1839 (16 mois)	Retour à Sorel[7] dans la maison de la rue Augusta en octobre 1837. Fréquentation de George Nelson jusqu'en janvier 1839.	94 pages (pp. 95-189)
1839 (10 jours)	Aller-retour du voyage de George Nelson à Kamouraska pour aller tuer Antoine Tassy.	51 pages (pp. 190-241)

7 Elisabeth retourne à Sorel après avoir accouché de son deuxième enfant dix mois après la naissance du premier. Elle est alors âgée de 19 ans. Voir *Kamouraska*, p. 100.

Des deux cents pages environ qui composent le texte du récit second, l'événement comme tel du voyage de George Nelson à Kamouraska en représente le quart avec cinquante et une pages. S'il revêt une importance aussi considérable, ce n'est pas tant comme dénouement de l'intrigue du récit second que comme aboutissement d'une transgression verbale amorcée par la narratrice au début du récit.

Au moment où le récit ralentit son rythme général par la pause descriptive,[8] il gagne en intensité dans ce long cérémonial élaboré par Elisabeth Rolland pour décrire chacune des étapes du voyage. Le récit emprunte alors le mouvement inversé de la spirale. De l'esquisse initiale des ellipses, le mouvement se concentre en sommaires,[9] pour enfin préciser son dessein.[10] Fondement axial de tout le récit, cet événement particulier du voyage retrouve ainsi l'importance qui lui revient.

En comparant le voyage de noces d'Elisabeth et d'Antoine, et le voyage de George Nelson à Kamouraska, une évidence s'impose. Elisabeth Rolland semble vouloir mettre aussi peu de temps à raconter le premier, qu'elle voudrait par ailleurs insistant sur le second, effacer jusqu'au souvenir de ce premier voyage. Elisabeth Tassy n'évoquait-elle pas déjà devant ses tantes cette magie des mots qui efface tout?

Il n'y a jamais eu [d'autre homme que George Nelson] et il n'y en aura jamais d'autre, vous

---

8 Lenteur absolue, où un segment quelconque du discours narratif correspond à une durée diégétique (presque) nulle. Voir Genette, *op. cit.*, p. 128.

9 Narration en quelques paragraphes ou pages de plusieurs journées, mois ou années d'existence, sans détail d'actions ou de paroles. Voir Genette, *op. cit.*, p. 130.

10 19 ans / 48 pages, 16 mois / 94 pages, 10 jours / 51 pages.

m'entendez. [...] Effacer [Antoine] à jamais de ma
vie. Comme un dessin que l'on gomme (p. 161).

Marqué par la fatalité, cet événement du mariage et du
voyage de noces accablera néanmoins Elisabeth à jamais,
et l'accélération délibérée de son récit ne fait qu'en
souligner la gravité. Ainsi le voyage de George Nelson ne
peut-il être qu'une réplique laborieuse de la «joyeuse»
équipée nuptiale d'alors, et constitue pour Elisabeth la
seule voie du rachat, jusqu'à Kamouraska.

> (Il) file sur une terre sauvage. Au-delà du silence.
> Le chemin (jusque-là plat, presqu'au niveau du
> fleuve) devient accidenté. Une côte, un ravin, une
> autre côte, un autre ravin. Toute cette neige
> amassée dans les coulées...! (p. 193)

Anachronies narratives

Nous savons déjà que dans *Kamouraska* le
caractère autobiographique de la narration du récit second
peut justifier à lui seul toutes les manifestations d'une
apparente omniscience.[11] La question n'est donc plus de
savoir dans ce contexte si la narratrice peut s'autoriser des
anticipations ou des rétrospections sans nuire à la
cohérence narrative, mais bien plus d'en connaître la
nature et la fonction au niveau de la structure narrative.

La convention de l'histoire permet à l'analyse de
situer temporellement le récit par rapport au point de
l'histoire où l'on se trouve à ce moment-là. Ainsi une
rétrospection consistera dans l'évocation après coup d'un
événement antérieur à ce point donné. Alors que
l'anticipation racontera d'avance un événement ultérieur à
celui-ci.

---

11 Voir les explications déjà fournies au deuxième chapitre.

Une certaine texture narrative tient précisément à ce réseau d'anticipations et de rétrospections patiemment construit par Elisabeth Rolland au cours du récit. Un extrait du manuel *La Parfaite Brodeuse de Boston* cité par la narratrice, et placé symboliquement au centre matériel du texte (p. 125) par l'instance littéraire, en illustre toute la portée:

> Le petit point se fait en deux temps, dans le biais du canevas. Verticalement: de gauche à droite en descendant. Horizontalement: de droite à gauche, en remontant. Travailler avec trois brins de laine, en suivant la grille (p. 43).

La simple répertoriation de ces nombreuses anachronies irait à l'encontre de l'esthétique même de l'œuvre, sans pouvoir rien ajouter à la compréhension du texte. Nous nous intéresserons plus spécifiquement, quant à nous, à l'apport spécifique de l'anticipation vue sous son aspect fonctionnel dans l'écriture narrative d'Elisabeth Rolland.

Que l'anticipation soit privilégiée ici, résulte de la forme même du monologue intérieur:

> Le récit à la première personne se prête mieux qu'aucun autre à l'anticipation, du fait même de *son caractère rétrospectif déclaré,* qui autorise le narrateur à des allusions à l'avenir, et particulièrement à sa situation présente, qui font en quelque sorte partie de son rôle.[12]

Rappelons encore une fois la nature particulière de ce monologue intérieur. Dans l'état de somnolence où s'exprime Elisabeth Rolland, ce «je», comme sujet du discours, révèle sa double identité consciente et inconsciente. Vécu sur le mode de l'antagonisme, cette double

---

12 Voir Genette, *op. cit.,* p. 106.

identité oppose d'une part Elisabeth Rolland, d'autre part la Voix. Dans ce contexte la narration utilisera le recours à l'anticipation comme instrument d'un rapport de forces. L'un et l'autre de ces aspects incompatibles de la personnalité recherchent le contrôle exclusif du discours narratif. Chaque fois qu'il s'avèrera nécessaire de réorienter le récit à son avantage, on évoquera donc par anticipation certaines des situations déplaisantes en rapport avec le meurtre, ou quelque image apaisante pour l'esprit, selon le cas.

Ainsi les «forces du rêve» — expression indirecte de la Voix — exerceront un pouvoir discrétionnaire aussi longtemps qu'Elisabeth Rolland tentera de retarder indûment la poursuite du récit ou d'en fausser l'orientation. Au cours des premières images remémorées par exemple, la narratrice cherche à évoquer la «fraîcheur acide de ses quinze ans» (p. 61) et l'innocence de son compagnonnage avec Aurélie Caron. Peine perdue. L'ironie de sa servante dénonce aussitôt la mise en scène par une anticipation qui empêche désormais toute connivence possible entre elles:

— J'ai toujours eu un *teint de prisonnière,* Madame sait bien. Un vrai pressentiment.

Rien ne va plus. Du premier coup le fond de l'histoire est atteint (p. 61).

Désorientée dans le dédale du «rêve», la narratrice est incapable pour l'instant de s'assujettir le «personnage» d'Aurélie, précisément à cause de sa fonction de guide:

Elle sait la suite de l'histoire et jure que mes intentions ne sont pas pures.

— Madame sait très bien ce qui va arriver. Inutile de jouer les saintes nitouches (p. 96).

Puis, évoquant la réprobation générale face à la complicité

d'Elisabeth Tassy dans le meurtre de son mari, Aurélie
Caron ajoutera plus loin:

> Et pour ce qui est de la honte, autant vous habituer
> tout de suite. Cela ne fait que commencer. Le pire
> n'est pas encore arrivé (p. 105).

Il semble que la narratrice soit condamnée au
spectacle de son impuissance à changer le passé. Ainsi,
l'anticipation participe à construire ce «récit sans réplique,
exact», (p. 54) présenté sous la forme d'un supplice
qu'imposent des «juges intraitables», soit l'enchaînement
fatidique du récit.

A d'autres moments, le temps de l'histoire sera
perçu dans toute l'épaisseur de ses événements successifs,
sans qu'on en puisse arrêter la course effrenée. C'est
Elisabeth Rolland / Tassy qui, à peine arrivée au manoir
après son voyage de noces, évoquera par anticipation pour
se déculpabiliser du meurtre d'Antoine les «quelques
années de violence et de désespoir» (p. 75) qu'elle y vivra.
Mais voilà qu'au même moment sa propre violence envers
Antoine Tassy est dénoncée par la présence suspecte de
George et d'Aurélie à Kamouraska, venus en son nom
assassiner son mari:

> Le manoir, quelqu'un demande où se trouve le
> manoir. Une voix d'homme, avec une pointe
> d'accent américain. C'est l'hiver [...]

> A l'auberge Dionne, une fille aux cheveux crépus
> (qui n'est pas du village) demande le manoir. Elle
> pose sa main sur la vitre gelée et gratte avec ses
> ongles, pour faire fondre le givre. Longtemps elle
> regarde dans la nuit en direction du manoir (p. 75).

La narratrice n'a certes rien à gagner à l'accélération de ces images autobiographiques. Sinon peut-être
d'en arriver à anticiper la fin de ce «mauvais rêve» par

l'évocation de certains événements vécus ultérieurement au moment du drame. Ainsi, pour mettre un terme à une séquence d'images de plus en plus angoissantes, la narratrice cherchera à confondre le voyage de George Nelson à Québec avec celui de sa fuite aux Etats-Unis. Le procès ayant été annulé pour cause de désistement, comme elle le sait par anticipation, «tous les témoins n'ont qu'à rentrer chez eux» (p. 168). Néanmoins cette évocation commode n'arrivera pas à faire suspendre la «représentation». Car pour prévenir tout écart ou défaillance de la mémoire, on a prévu l'assistance d'un «souffleur» en cas de besoin:

> Une voix familière, quoique *imperceptiblement voilée,* assure que rien n'est encore arrivé et que tout est à venir. Le docteur est tout simplement parti pour Québec (p. 168).

Mais la plupart du temps les interventions directes de la narratrice dans le récit visent plutôt à en ralentir le débit, rétablissant ainsi l'ordre chronologique menacé:

> On dit que la voix des morts se mêle au vent, les soirs de tempête. *Personne n'est mort ici.* Je suis vivante et mon mari aussi. Nous passons au manoir de Kamouraska notre cruelle jeunesse, sans fin (p. 76).

Plus loin:

> Pourquoi garde-t-il sa tête enveloppée de linge? Cela ne fait que quelques mois que nous sommes mariés? *Personne encore, en mon nom, n'a tenté d'assassiner mon mari?*
>
> [...] Surtout qu'il ne se souvienne d'aucun attentat contre ses jours. Dans l'anse de Kamouraska. Mon jeune mari de six mois. Dieu soit loué. *Rien n'est encore arrivé* (p. 82).

Ou encore:

> La fumée de nos respirations [Georges et Elisabeth]
> se mêle en volutes blanches. Le cheval marche au
> pas. *Rien n'est encore arrivé. Nous sommes
> innocents* (p. 136).

Enfin, l'anticipation pourra aussi servir à ponctuer
les étapes importantes de la commémoration. Dans
l'exemple suivant, l'image de la crucifixion ne peut
qu'évoquer le destin de George Nelson. Elle servira
d'amorce à l'intertextualité biblique qui sera développée
plus loin dans le roman:

> A quoi penses-tu donc, là, à mes côtés? Assis par
> terre, sous les pins. Le torse cloué à un arbre.
> *Comme un crucifié* (p. 149).

Plus loin:

> [...] Le silence te prend à nouveau. *Appuyé contre
> ton arbre*. C'est comme si tu t'enfermais au cœur
> de cet arbre, avec ton mystère étranger (p. 150).

Ailleurs la narratrice, omnisciente et omniprésente,
ira même jusqu'à composer un rêve prémonitoire pour
accentuer la solitude de son «personnage». Confronté à
une foule hostile, George Nelson se voit abandonné et
trahi par celle qui, peu de temps auparavant, se disait
étrangère à tout ce qui n'était pas lui:

> La foule reprend ses menaces et ses accusations.
> Tous les étrangers sont des damnés. Mme Tassy
> affiche un air offensé. Hurle, les mains en
> porte-voix «qu'elle est fille de ce pays et femme de
> ce monde» (p. 156).

Maintenant située dans un au-delà du temps, «hors
de ce monde», Elisabeth Rolland se donne le pouvoir de
communiquer directement avec George Nelson pour lui

expliquer certains gestes ou événements dont lui-même et Elisabeth Tassy ignoraient alors la portée:

> Aurélie se dresse, telle une apparition, sur ton chemin de boue [Québec-Sorel] [...] Tu ne peux savoir jusqu'à quel point à cause d'Aurélie, *le mépris et l'ignominie se colleront à notre histoire d'amour,* en un masque durable et grimaçant (p. 171).

Et si tout a déjà été accompli dans le passé, il reste néanmoins aujourd'hui à en faire la «récitation» commémorative:

> Je dois lui dire adieu à travers une vitre. Désormais, entre nous, il y aura cet écran de verre et de gel. Ton image déformée par le givre et la mort passera de l'autre côté du monde. Good bye, by love. *Lorsque tu reviendras, ce ne sera plus toi, ce ne sera plus moi* (p. 189).

Le rituel commémoratif

Chapitre IV
Le rituel commémoratif

L'intemporalité mythique

Une certaine qualité de présence à soi exige de la narratrice l'observation attentive de chacune des images représentées dans son rêve, surtout au cours du voyage de George Nelson à Kamouraska. La distanciation réflexive qui en résulte pourra alors s'exprimer soit par une démarcation entre les états d'esprits respectifs du passé et du présent, soit par l'intervention directe du commentaire narratif ou descriptif dans le récit. Quoiqu'il en soit le discours commentatif d'Elisabeth Rolland finit par occuper une part importante du récit.

C'est cette distanciation qui contribue de la façon la plus dynamique au «travail d'écriture» narratif. Comme nous avons pu le constater précédemment, la responsabilité du récit s'accompagne chez la narratrice d'une certaine marge de manœuvre qui lui permet de composer avec le temps; sous réserve, toutefois, qu'elle respecte l'irréversibilité du mouvement d'ensemble. Elle-même n'est pas sans connaître d'ailleurs les conditions de ses prérogatives narratives qui l'assujetissent au déroulement inéluctable du procès intérieur.

Ses nombreuses interventions dans le récit s'inscrivent donc dans le cadre d'un projet précis. Ainsi, après avoir accepté d'assumer entièrement la maîtrise de la narration, Elisabeth Rolland semble guidée par la seule résolution de s'unir à nouveau à George Nelson, cette fois, dans l'absolu de l'intemporalité.[1] L'application qu'elle met à décrire son personnage dénote toute l'importance accordée à cette ré-union éventuelle: «si je laisse échapper un seul signe de lui, ma vie peut se mettre à fuir, par tous les pores de ma peau» (p. 153). Il y a là, rappelons-le, plus qu'une simple remémoration du passé. Ce que la narratrice précisera d'ailleurs elle-même plus loin:

> J'habite ailleurs. Un lieu précis. Un temps révolu. *Aucun prestige de la mémoire ne pourrait réussir cela.* Il s'agit de la possession de ma vie réelle. *De ma fuite parfaite* de la rue du Parloir (p. 163).

Le discours du monologue intérieur s'organisera désormais en fonction d'une célébration commémorative. La narratrice exprime manifestement ici sa volonté d'habiter ce «lieu précis» de l'intemporalité mythique, qu'elle prend soin de situer bien au-delà du simple souvenir, afin qu'y soit prononcé, par le seul pouvoir du rituel commémoratif, le «non-lieu» par excellence: soit sa «fuite parfaite» de la rue du Parloir.

D'abord, Elisabeth Rolland explore un temps imaginaire en y imposant l'ordre de son écriture:

> Jalouse, je veille. *Au-delà du temps. Sans tenir compte d'aucune réalité admise.* J'ai ce pouvoir. Je suis Mme Rolland et je sais tout (p. 126).

Puis, par l'instauration d'une durée invariable, le récit acquiert une dimension mythique, où la narration se fera bientôt récitation:

---

1 Rappelons qu'il s'agit de cette dimension temporelle propre au mythe, et dont la nature est étrangère au temps. Elle ne peut donc pas s'inscrire dans la durée et apparaît comme invariable.

Dès l'origine, j'interviens dans la vie de deux adolescents perdus. *Je préside* joyeusement à l'amitié qui n'aura jamais lieu entre George Nelson et Antoine Tassy (p. 126).

Dans la durée éclatée de cette «anticipation rétrospectrice»,[2] le temps s'ouvre à la simultanéité du passé, du présent et de l'avenir. La fin connue de l'histoire permet à la narratrice d'engendrer ainsi un commencement de l'histoire qui puisse se révéler cette fois, selon l'esprit du mythe, comme facteur primordial du dénouement attendu.

De ce fait, la narratrice occupe les fonctions antinomiques d'enjeu et d'arbitre entre George et Antoine, dont le «jeu de mort»[3] était alors virtuellement commencé — avant même l'«entrée en scène» de la protagoniste, Elisabeth Tassy, dans l'histoire —, et se poursuivait dans un univers d'où elle était déjà exclue.

Par ailleurs, la narration retiendra à l'occasion certains souvenirs particulièrement propices à préparer la fusion anticipée avec George Nelson dans la «sainte barbarie»:

Je choisis cet instant précis. En pleine nuit (pour la première fois). Sous la pluie [...] *En chair et en os, j'entre de plain-pied dans le cauchemar de George Nelson.* Me voici qui frappe à sa porte (p. 156).

Tout doit se répéter à la «lettre», comme autrefois, sans qu'on n'y puisse rien changer:

---

2 Genette parle plutôt de prolepse sur analepse. Nous avons voulu simplifier. A partir d'une rétrospection imaginaire sur la jeunesse de George Nelson et d'Antoine Tassy, Elisabeth Rolland construit une anticipation (réelle, cette fois) sur les événements à venir, qui lui sont alors connus.

3 «Echec et mat, mon vieux Tassy. Le plus rapide joue et gagne» (p. 234).

> *Mon père pourquoi m'avez-vous abandonné?* [...]
> Ce soir même, George Nelson, vous céderez aux
> adjurations d'Elisabeth. Vous parlerez à Aurélie et
> vous l'enverrez à Kamouraska, à votre place. Une
> si grande lassitude (p. 173).

Cependant l'autorité de l'omniscience narrative confère
maintenant à Elisabeth Rolland le droit de regard
rétrospectif sur les mécomptes de l'histoire, pour éclairer
l'Histoire:

> Mon pauvre amour, je ne saurai sans doute jamais
> comment t'expliquer qu'au-delà de toute sainteté
> règne l'innocence astucieuse et cruelle des bêtes et
> des fous (p. 173).

Cette «convocation hors du temps» incite la
narratrice du récit second à reprendre le travail de
tapisserie, laissée inachevée[4] par Elisabeth Tassy. Malgré
les inévitables conséquences d'une telle opération,
Elisabeth Rolland n'en espère pas moins la compensation
d'une «réconciliation» avec George Nelson.

Irréprochable derrière la fenêtre de sa chambre, rue
Augusta, protégée par l'alibi d'une «lecture» des
événements, Elisabeth Rolland / Tassy s'absente de la
«vraie vie», risquant à tout instant de devenir «une fleur
de givre parmi les arabesques du froid dessinées sur la
vitre» (p. 195). D'une part, l'enfer «asexué» de la page
blanche[5] lui accorde encore une certaine innocence.
D'autre part, l'équipage noir de George Nelson, décrit par
les témoins, peut seul lui permettre de retrouver «noir sur
blanc» le sens de son histoire. Il lui faudra donc être

---

4 «Surtout qu'on ne touche pas à mon métier à tapisserie! Je ne
pourrais supporter certain travail au petit point. Sur fond jaune une rose
rouge éclatante, inachevée!» (p. 42)

5 «Je ne sais plus rien de lui. J'habite le vide absolu. Un désert de
neige, chaste, asexué comme l'enfer» (p. 197).

réceptive à cet appel du dehors, si elle veut briser le silence insupportable de l'absence:

> Quelque chose de vivant bouge, se déploie au fond du silence. Remonte à la surface. Eclate comme des bulles sourdes dans mon oreille. Une voix d'homme, lente, sans inflexion, cherchant ses mots à mesure, *s'adresse à moi. Me signale, comme à regret (tout bas en confidence),* le passage d'un étranger à l'auberge de Saint-Vallier. *(J'avais oublié Saint-Vallier).* Entre Saint-Michel et Berthier (p. 199).

Aussitôt, le «procès» s'engage irréversiblement dans sa phase finale. A partir de Sainte-Anne-de-la-Pocatière, l'évocation de chacun des villages suivants sera ponctuée de dépositions faites vingt et un ans plus tôt à l'instruction. Loin d'être ici une occasion pour la narratrice de fusionner les deux niveaux de récit en un seul, ce recoupement des deux procès — procès intérieur de 1860 et procès de 1839 — accentue au contraire leurs différences. Dans le présent contexte, les témoignages entendus autrefois par Elisabeth Tassy possèdent maintenant le nouveau statut de signifiant,[6] après avoir eu antérieurement celui de Signe en tant qu'événements du passé. L'expérience de la narratrice peut maintenant les utiliser aux fins spécifiques d'une écriture de la

---

6 «Le mythe, *comme système sémiologique second, s'édifie* à partir d'une chaîne sémiologique qui existe avant lui. Ce qui est signe (c'est-à-dire total associatif d'un concept et d'une image) dans le premier système, devient simple signifiant dans le second. Le terme final du premier va devenir premier terme, ou terme partiel du système agrandi qu'il édifie. Tout se passe comme si le mythe décalait d'un cran le système formel des premières significations». Voir R. Barthes, *Mythologies,* Seuil, Paris, 1957, p. 199. Exceptionnellement ici, nous employons le mot «mythe» au sens de «système sémiologique». Ailleurs, il conservera toujours pour nous le sens d'une histoire «sacrée», «exemplaire» et «significative». Voir Mircea Eliade, *Aspects du mythe,* Idées no 32, Gallimard, Paris, 1963, p. 9.

commémoration, en leur prêtant la solennité et l'ampleur tragique d'un Chœur:

> S'il était encore en mon pouvoir de rappeler le babillage des bonnes dames de Sorel. J'en ferais un rempart pour échapper *au chœur des aubergistes* qui me menacent. Des voix, rauques et graves, lentes, se lèvent, tout le long de la rive sud. Bourdonnent autour de ma tête. Pareilles à un essaim d'abeilles sauvages. Me réfugier auprès de mes tantes. Leur amour infini. Leur tendre pitié (p. 203).

On l'aura constaté: le mouvement spontané qui porte Elisabeth Rolland-Tassy vers l'image de George Nelson s'accompagne d'une constante réticence à partager avec lui la souffrance entrevue. Mais bousculée par la cadence implacable du Chœur, le temps ne lui assure déjà plus la liberté de choisir. Le recours à l'incohérence du bruit demeure sans effet sur les injonctions du sens qui cherche à s'imposer depuis si longtemps:

> Couvrir toutes les voix humaines qui pourraient monter et m'attaquer en foule. Dresser un fracas de syllabes rudes et sonores. M'en faire un bouclier de pierre. Une fronde élastique et dure. Kamouraska! Kamouraska! Il y a jonc au bord de l'eau! Aie! les voix du bas du fleuve montent à l'assaut. Parlent toutes à la fois! Les abeilles! Toujours les abeilles! Les habitants du bas du fleuve, *en rangs serrés,* suivent, dénoncent, *à voix de plus en plus précises et hautes,* le passage d'un jeune étranger, dans son extraordinaire traîneau noir, tiré par un non moins extraordinaire cheval noir (p. 206-207).

Dépassée par les événements, la narratrice accuse un retard curieux à s'y ajuster. Une hésitation prolongée à poursuivre volontairement le récit risquerait même de l'assujettir définitivement à la fureur anarchique de ses hallucinations:

> Les témoins attendent impatiemment, derrière la porte de ma chambre. La maison toute entière de la rue Augusta est envahie, dévastée. Détruite de fond en comble. Ma mère et mes tantes étouffent sous les décombres (p. 207).

Le refuge de sa jeunesse est ouvert. La «poupée de son» (p. 197), éventrée, s'épuise à prêter sa forme rassurante à la terrifiante réalité: Elisabeth Rolland devra bientôt accepter le poids de son destin.[7]

Maintenant, c'est la chambre de la rue du Parloir qu'assiège la bruyante assemblée des témoins pour presser la narratrice d'assumer personnellement sa fonction de «témoin principal» sur les lieux mêmes de l'histoire:

> Je prolonge, à la limite du possible, l'état de stupeur dans lequel je suis. Tout ce bavardage des témoins autour de mon lit. *Leur piétinement continu, quasi solennel,* emplit la chambre. Rien encore ne me blesse, ni ne m'atteint. Tous ces gens entassés me respirent sur la face et m'examinent avec avidité. Ils prennent en secret des mesures exemplaires pour me sortir de mon lit. *M'arracher à jamais de ma maison de la rue du Parloir.* Très loin de mon pauvre mari qui... Projettent de m'emmener de force jusqu'à Kamouraska (p. 209).

A ce point du récit, la narratrice dispose d'une expérience limitée des événements passés. Subordonnée aux récits conjugés des témoins, elle est réduite au rôle de simple figurante, «mêlée, confondue à eux, brassée avec

---

7 C'est d'ailleurs le sens qu'il faut prêter à cette «image ternie» dans la glace qu'Elisabeth Rolland retrouvera au réveil. Celui d'une perte irrémissible de sa jeunesse.

eux, dans une même pâte molle [...] placée dans la neige, le froid, en vigie silencieuse et passive» (p. 207), cherchant à en savoir davantage sur le voyage de George Nelson sans trop se compromettre. Son seul avantage sur eux reste encore celui de pouvoir désigner le coupable à la foule impatiente, et surtout de pouvoir l'identifier. Mais elle refuse de participer avec eux à cette entreprise réductrice d'une justice aveugle:

> Pour l'instant, je me défends de donner droit d'asile et permis d'identité à cet étranger que vous décrivez avec tant d'insistance et de précision. Moi seule pourrais ramener cet homme à la vie. *Le tirer hors du temps et de l'oubli. Le perdre à nouveau* et me perdre avec lui [...] Non, non, je ne parlerai pas (p. 209).

Elle seule peut invoquer la vraie figure de son personnage à travers le rituel commémoratif, pouvoir que lui confèrent les attributions de récitante.

C'est d'abord le chapelet récité des villages, avec sa fonction d'auto-hypnose, qui lui permet de se pénétrer de son souvenir. «Répétition à satiété» pour une méditation sur les «mystères féroces de ce monde» (p. 196). Puis l'anamnèse,[8] qui annonce déjà solennellement par son rituel initiatique la limite extrême à laquelle devra tendre la narratrice au cours du «sacrifice célébré sur la neige». «Au-delà d'une certaine horreur», il n'y a de vie pour l'homme que celle défigurée par les visions de sa propre mort:

---

8 Ce terme est employé volontairement ici dans son sens liturgique et se définit comme suit: «partie du canon qui suit la consécration, constituée par des prières à la mémoire de la Passsion, de la Résurrection et de l'Ascension». Voir *Petit Robert*, p. 58. Dans *Kamouraska*, l'intertextualité biblique adopte ce modèle liturgique dans ses grandes lignes. Nous conservons cependant le sens psychologique du terme, soit celui d'«évocation volontaire du passé».

L'étranger dit qu'il va à ses affaires. Là où personne ne peut se substituer à lui. Ni comprendre, ni ressentir à sa place [...] Tout ceci est une affaire d'homme. *Tout cela regarde la solitude de l'homme. Voici l'approche vertigineuse de l'acte essentiel de sa solitude.*[9] L'aboutissement étrange de la lutte forcenée que George Nelson a menée, depuis si longtemps, contre la mort. Peut-être depuis toujours? Très tôt après sa naissance. A moins que déjà, dans le ventre de sa mère...? (p. 201)

Bientôt toute une assistance se constituera à l'approche de la «célébration du sacrifice» (p. 167) et réclamera son officiante. Alors que parallèlement, sur la rue du Parloir, aura lieu la cérémonie de l'extrême-onction pour Jérôme Rolland.

L'attitude attentive et silencieuse qu'adoptera plus tard Elisabeth Rolland dans cette «auberge endormie» n'est pas non plus sans évoquer l'image du fidèle dans l'attente de la veille. C'est dans le dénuement le plus complet que s'initiera la «passion»; la narratrice abandonnée sans aucun recours pour la suite, hors-la-loi dans toute sa signification:

Ce qui me gêne le plus, ce n'est pas tant d'avoir à me passer de tout le côté solennel des salles d'audience. C'est de me trouver sur les lieux mêmes des témoignages. Privée de tout secours légal. Sans aucune espèce de protection. Obligée, non seulement d'entendre les dépositions des témoins, mais forcée de suivre le déroulement des scènes à mesure

---

9 Un réseau complexe d'intertextes bibliques et liturgiques connote cette reconstitution du passé. Véritable «Imitation de Jésus-Christ» par interversion des valeurs symboliques, ce discours religieux, comme nous le verrons plus loin, servira aux fins de sa propre subversion.

qu'elles sont décrites. Réduite à mon état le plus lamentable. Etant le plus près possible qu'il me soit permis de l'être (sans mourir tout à fait) de mon propre néant. Je deviens translucide. Dénuée de toute réalité apparente. Dépossédée de toute forme, de toute épaisseur et profondeur. Toute réaction ou intervention, de ma part, est interdite d'avance. Retenue à sa source même. *Si je dois souffrir tout ce qui va suivre (et je le dois), ce sera à l'extrême limite de l'attention* (p. 213).

Elisabeth Rolland se soumet donc au jeu réglé d'une écriture tragique qui refuse la «mise à couvert des signes».[10] C'est la «folie qui renaît de ses cendres» en la «sainte barbarie instituée». A vouloir «posséder (son) amour, comme (sa) propre main», en le suivant dans toutes les «démarches de sa vitalité extraordinaire», à désirer surtout que «pas une de ses souffrances ne (lui) soit épargnée» (p. 200), elle tente d'assumer au niveau du langage une transgression accomplie dans le sang par George Nelson vingt et un ans auparavant, et que l'intemporalité mythique de la présente narration rend maintenant presqu'immémoriale. Comme s'il s'agissait en somme de réactualiser en la vivant elle-même une sorte de «monstruosité intégrale»[11] que le langage s'était refusé jusqu'à ce jour de penser à cause des excès de dépense, de consumation et de mort qu'elle implique inévitablement.

L'affirmation par George Nelson du «mal divin» fait de cet homme un «sujet absolu»,[12] sans pareil, rendu méconnaissable par la transgression de l'interdit du meurtre, défiguré / transfiguré par sa contemplation du

---

10 P. Sollers, «Sade dans le texte», *L'Ecriture et l'Expérience des limites,* Coll. Points, Seuil, 1968, p. 53.

11 P. Sollers, *op. cit.,* p. 54.

12 *Ibid.,* p. 57.

visage de la mort. Abîme, l'image de mon amour, [13] dira la narratrice. L'espace d'un instant, la «passion» d'Elisabeth Rolland s'abandonne au vertige de la continuité. [14] Appelée depuis le début par l'absolu du désir, la terrifiante obscénité de l'amour se fait jour dans l'aveuglement de la neige.

La spirale

Dans les dernières pages du roman (pp. 199 à 235), le mouvement concentrique de la spirale [15] se précipite vers sa résolution. Si la narratrice semble encore diriger le récit, on constate néanmoins qu'elle est amenée progressivement à nommer l'interdit du temps élidé du meurtre, devant lui assurer cette coïncidence parfaite avec elle-même, «motif» premier (et dernier) du procès intérieur: la «rose rouge».

Le tableau II tentera précisément d'illustrer la trajectoire des trois dernières révolutions spiralées, à partir de l'organisation faite par Elisabeth Rolland des témoignages entendus autrefois à son procès. Cette composition nous donne ici toute la mesure d'une narration dont le dynamisme repose essentiellement sur l'initiative du personnage-narrateur lui-même.

La structure narrative du texte compris entre les pages 199 et 235 s'articule autour de trois ellipses, [16] participant d'un secret commun. En effet, l'ordre

---

13 *Kamouraska,* p. 205.

14 «La vie est accès à l'être: si la vie est mortelle, la continuité de l'être ne l'est pas. L'approche de la continuité (par l'érotisme), l'ivresse de la continuité dominent la considération de la mort». Voir George Bataille, *L'Erotisme,* Coll. 10-18, 1965, p. 29.

15 Voir le mouvement d'ensemble que nous avions déjà esquissé au chapitre III, note 10.

16 Dans le tableau II, ces ellipses sont représentées par les boucles en pointillés.

Tableau II

Les témoignages «en bon ordre»[17]

1- | Passage de George Nelson à l'auberge de
St-Vallier (témoin: M.E. Letellier, p. 199)

Arrivée (à St-Vallier)   *Retour*

*mardi 29 janvier _ _ _ _ _ _ _ _ _ _ _ _ *dimanche 3 février

2- | George Nelson aperçu sur la route, à
Ste-Anne-de-la-Pocatière (témoin: Victoire
Dufour p. 204)

*jeudi 31 janvier / 2.00 p.m.

3- | George Nelson aperçu sur la route, à
Rivière-Ouelle (témoin: Bruno Boucher p. 207)

*jeudi 31 janvier / 2.30 p.m.

Arrivée (à R.-Ouelle)   *Retour*

*jeudi 31 janvier / 3.30 p.m. _ _ _ _ _ _ _ *vendredi
1er février 8 a.m.
(témoin: J.B. St-Onge
p. 208)

4- | La narratrice s'installe dans l'auberge de
L. Clermont (Ste-Anne-de-la-Pocatière)

*jeudi 31 janvier dans la soirée,
au vendredi 1er février / 8.00 a.m.
a) Arrivée de George Nelson vers 10.00 ou
11.00 p.m. après le meurtre (p. 215)
b) La narratrice le rejoint dans sa chambre
(p. 217-218)

---

17 *Kamouraska*, p. 184.

5- Préparatifs du départ pour Sorel: Elisabeth Rolland suit George N.

*vendredi 1er février / 8.00 a.m. (p. 219-223)

6- George N. s'arrête à l'auberge de St-Roch des Aulnaies: Elisabeth Rolland perd sa trace.

*vendredi 1er février / 11.00 a.m. (p. 224)

7- Elie Michaud et Blanchet sur la route de Sainte-Anne vers Kamouraska. Dans l'anse de Kamouraska, ils aperçoivent des taches de sang sur la neige, prennent peur et se réfugient chacun chez soi jusqu'au lendemain matin

*vendredi 1er février dans l'après-midi (p. 225-226)

8- Assemblée des villageois à l'auberge Wood, Kamouraska.

*samedi 2 février (matinée): reconstitution du trajet de G.N.

a)   jeudi 31 janvier / 6.30 p.m. (témoin: le petit Robert, p. 226)

Arrivée (dans l'anse)   *Retour* (de l'anse)

b)   jeudi 31 janvier /_ _ _ _ _ _ _ _ _ _ _ _jeudi
     7.30 p.m.   31 janvier 9.00 p.m.
     (Lancoignard)   (Blanchet,
                                   p. 227-228)

9- Arrivée d'«E. d'Aulnières, veuve Tassy, sortie de son temps réel», au manoir de Kamouraska (230). Elle est accusée du meurtre d'Antoine par sa belle-mère (p. 232). Expertise médico-légale du médecin légiste (p. 232-233)

*dimanche 3 février, dans la matinée
Description des circonstances du meurtre (p. 234-235)

c) *jeudi 31 janvier / 7.30 à 9.00 p.m.*

temporel des événements vécus dans l'histoire ainsi que leur durée respective, sont subordonnés à un ordre syntagmatique du récit qui permet de retarder la révélation finale. Ainsi, de l'une à l'autre de ces ellipses, le temps s'amenuisera graduellement jusqu'à révéler complètement l'objet de la diversion narrative.

D'abord il semble difficile pour la narratrice d'opposer une résistance aux nombreux témoignages qui vont affluer et se précipiter à partir de Sainte-Anne-de-la-Pocatière. Puis, voilà qu'elle décide de suspendre abruptement (point 4 du tableau II) la poursuite du récit événementiel entourant le meurtre lui-même, et d'attendre plutôt dans l'auberge de Louis Clermont le retour de George Nelson, pendant que celui-ci exécute sa tâche dans l'anse de Kamouraska.

Une «volonté implacable» (p. 210) s'est ménagé ce nouveau «lieu narratif» afin d'échapper aux contingences spatio-temporelles de l'histoire. Le discours omniscient de la «voyante», par les privilèges narratifs exceptionnels qu'il octroie, établira dès lors les modalités d'une rencontre en terrain neutre avec l'assassin:

> Moi, Elisabeth d'Aulnières, *non pas témoin, mais voyante et complice.* Déjà admise dans l'auberge de Louis Clermont. A Sainte-Anne-de-la-Pocatière. Non pas reçue et accueillie comme une voyageuse normale à qui l'on offre une chambre et un lit [...] Mais placée, immobile et silencieuse, au centre de la maison. Afin que je voie tout et que j'entende tout. Nulle part en particulier et partout à la fois (p. 210).

En voulant transgresser les conditions minimales de toute économie narrative, la narratrice du récit second se dépense à maintenir coûte que coûte sa marge créatrice à l'encontre d'un récit qui se voulait pourtant initialement «sans réplique». Si cette position narrative semble retarder temporairement sa «déportation sur Kamouraska» (p. 209), elle ignore encore cependant toutes les implications à initier même secrètement un tel rituel commémoratif. Le langage poursuit en elle son procès de la façon la plus insidieuse jusqu'à lui faire prendre cette voie pour une échappatoire.

> La pensée de l'anse de Kamouraska, *en vrille* dans ma tête. La vibration de cette pensée faisant son chemin dans ma tête. *La résistance de mes os* (p. 211).

Comme en un dernier sursis, le temps suspendu recueille tous les espoirs du sens. Comme si «la déformation de l'angoisse et de la terreur» vécues autrefois pouvait enfin trouver ici des «dimensions raisonnables» (p. 211), comme si, somme toute, une «rédemption» était maintenant rendue possible:

> Mon homme à moi [...] traversant pour me rejoindre des couches épaisses de malheur amassé. Le temps! Des nuages de suie. Le passé franchi, d'un bond prodigieux. Le meurtre et la folie [...] retrouvant leur poids réel [...] La liberté et l'amour payés leur prix exorbitant (p. 211).

Exempt de servitudes temporelles, le mythe crée alors ses propres lois pour une économie de la rétribution:

> Le prix du sang en pièces d'or, lourdes et brillantes, empilées sur la chaise, à côté du lit. Avec les vêtements pliés (p. 211).

Enfin, la parole confiante en appelle à la magie de son exorcisme:

> Un très grand lit pour nous deux, jusqu'au matin. La certitude de retrouver la fraîcheur des draps, frais, bien à nous. Dans une chambre bien à nous.

Une maison qui nous appartienne. Tu rentres entre
mes cuisses, au plus profond de mon ventre. Je crie
et je t'appelle, mon amour (p. 211-212).

Mais cet imaginaire du méta-métarécit[18] demeure
constamment menacé par le mouvement chronologique du
temps de l'histoire seconde. La narratrice se voit
brusquement ramenée «dans le bas du fleuve [...] par un
souvenir précis qui revient sans cesse» (p. 212) et hante le
sommeil de Blanchet, principal témoin au procès de 1839.

D'une part, le temps à jamais vécu, irrémédiablement consommé, accompli une fois pour toutes (les autres
fois),[19] se refuse au rachat. D'autre part, «rêver la passion
d'un autre» (p. 199) devient vite intolérable, au moment
où la narratrice en vient à éprouver elle-même cette
violence démesurée de la transmutation dont George
Nelson est l'objet à son retour dans l'auberge:

> [...] Laissée là toute seule dans l'obscurité.
> Percevant les terribles frissons de cet homme.
> Eprouvant à même mes nerfs tendus, *l'incompara-*
> *ble insomnie de cet homme.* Devinant, *l'insoutena-*
> *ble journée,* récapitulée dans les ténèbres.

> [...] J'entends la respiration, *le râle,* plutôt, dans sa
> poitrine. *La nuit épaisse entre nous. Imaginer le*
> *visage défait là,* à deux pas de moi [...] L'homme
> qui vient de tuer un autre homme. Dans l'anse de
> Kamouraska. *Son inimaginable solitude. Appeler*
> *la nuit sur son visage. Comme on rabat le drap sur*
> *la face des morts* (p. 218).

---

18 Récit au troisième degré. Le rêve d'Elisabeth Rolland (récit
second) engendre à son tour un état d'être fictif (récit troisième), qu'elle
imaginera réel l'espace d'un instant.

19 D'où la rédemption impossible, du moins telle que l'entrevoyait
Elisabeth Rolland.

Cette «communion» aux souffrances de George Nelson, le langage maintenant s'y refuse. La violence du «sacrifice célébré sur la neige» demeure sans voix, comme le lot d'un seul homme. Sa démesure empêche tout signe de «reconnaissance», tant l'identité de l'être est irrémédiablement atteinte:

> Changée en statue, *Véronique*[20] fascinée sur le seuil de la porte au premier étage de l'auberge de Louis Clermont, je réclame *en vain* un linge doux pour essuyer la face de l'homme que j'aime. Me voici emmurée dans ma propre solitude. Figée dans ma propre terreur. Incapable d'aucun mouvement, d'aucun geste. Comme si la source même de mon énergie étant faussée se mettait soudain à produire du silence et de l'immobilité (p. 218).

Néanmoins l'obstination d'Elisabeth Rolland à vouloir maintenir la parenthèse intemporelle réussira pendant quelques temps encore à différer l'inévitable. On notera à ce propos dans le tableau II la convergence des flèches en caractères gras vers cet intervalle du temps élidé du meurtre (point 4 du tableau) qu'il faut taire absolument. Alors que la ligne droite en pointillés indique la voie qu'emprunte la narratrice pour s'en éloigner dans le temps, mais aussi dans l'espace. Ainsi, bien que le meurtre lui-même n'ait pas encore été raconté, elle passe immédiatement au récit du voyage de retour vers Sorel:

> Je te suis à la trace. Tu entends derrière toi les clochettes de mon attelage. Je suis Mme Rolland. Je te hante, comme tu me hantes. Nous délirons tous les deux. La séparation entre nous a déjà eu lieu (p. 223).

---

20 Cette référence directe au Chemin de la Croix ne laisse plus désormais aucun doute sur la nature symbolique de ce «face à face» d'Elisabeth Rolland et de George Nelson.

Avant qu'un certain ordre des réalités factuelles n'ait pu reprendre ses droits pour de bon, c'est la folie du bonheur possible qui se donne à voir son propre débordement:

> Mourir d'épuisement. Après une si grande passion, *une si forte passion vécue et soufferte.* Le mirage du bonheur se levant devant nous sur la route gelée. Comme un banc de brume (p. 223).

Idéalement, le «sacrifice célébré sur la neige» pourrait avoir trouvé ici son accomplissement; l'union des amants, désormais sacralisée par la mort d'Antoine Tassy dans la «sainte barbarie» du sacrifice primitif. Et l'être s'abandonnerait alors à la pulsation du «cœur noir» de toute continuité:

> Vivre ensemble, tous les deux. Doucement, tendrement, sans faire de bruit. Pareils à des ombres bleues sur la neige. «Elisabeth! Ton corps s'ouvre et se referme sur moi, pour m'engloutir à jamais. Ce goût de varech et d'iode». Ah! Il y a du sang séché sur les guides et dans le fond du traîneau (p. 223).

Mais cette fois le temps a rejoint définitivement la narratrice et les pressentiments exprimés antérieurement se confirment: «En réalité l'attendre en vain toute ma vie cette voix extraordinaire» (p. 211). La vraie rencontre avec George Nelson n'a pas encore eu lieu et le procès du langage devra suivre son cours.

Exténuée à se relayer ainsi elle-même de place en place, Elisabeth Rolland perd la trace de George Nelson en route vers Sorel, et elle doit dorénavant recourir aux témoins pour la suite:

> Avide et folle j'écume les routes gelées et *le temps à jamais écoulé.* Pour interroger les aubergistes et les rares voyageurs. Dans l'espoir de retrouver...

Il y a pourtant un *trou* dans l'emploi du temps de celui que je cherche. Moi-même complice de ce vide. *Evitant avec soin une certaine heure entre toutes capitale.* Tous ces tours et détours pour éviter Kamouraska, l'anse de Kamouraska, vers neuf heures du soir, le 31 janvier 1839...

Déjà on s'étonne, au manoir, de l'absence prolongée du jeune homme (p. 224).

Une force centripète semble vouloir suspendre ici le mouvement de fuite d'Elisabeth Rolland vers Sorel par une rétrospection anticipatrice, [21] pour ensuite obliger la mémoire à rétrogresser jusqu'au jeudi 31 janvier, 9 heures du soir, tout à l'inverse du déroulement chronologique de l'histoire, qui elle, se poursuit jusqu'au dimanche 3 février.

Même en forçant les témoins Blanchet et Michaud à oublier temporairement les tâches de sang sur la neige — «tout cela ne *nous* dérange pas encore» — [22] la narratrice n'arrivera plus désormais à contenir la voix [23] qui monte.

Somme toute, la diversion opérée jusqu'ici par le jeu d'anachronies narratives de la «voyante» aura réussi à retrancher le seul événement d'importance qui pourrait encore permettre à Elisabeth Rolland de comprendre le visage tourmenté de George Nelson, soit le meurtre lui-même. Cette nouvelle impasse l'oblige donc à se présenter «en personne» au manoir de Kamouraska pour y

---

21 Au contraire de l'anticipation rétrospectrice, c'est la rétrospection qui s'appuie ici sur l'anticipation. A partir d'une anticipation sur l'ordre temporel de l'histoire (récit du voyage de retour vers Sorel, alors que le meurtre lui-même n'a pas encore été raconté), la narration devra faire marche arrière pour éventuellement rejoindre (par étapes) le moment du meurtre.

22 *Op. cit.,* p. 225. A noter ce «nous» homodiégétique (narrateur = personnage) qui cherche à s'assujettir la mémoire des témoins.

23 Opposer cette voix à celle, idéalisée, de George Nelson, que nous avons analysée plus haut.

entendre l'expertise médico-légale du docteur Douglas sur la mort d'Antoine Tassy,[24] à laquelle s'ajouteront, par anticipation rétrospectrice, les détails fournis par George Nelson à Elisabeth Tassy, dès son retour de voyage. Et c'est dans l'anse de Kamouraska que pour Elisabeth Rolland tout est consommé:

> Un instant le vainqueur essuie son visage sur *ma* manche. Cherche dans son cœur la femme pour laquelle... Désire s'accoupler immédiatement avec elle. Triomphalement. Avant que ne déclinent sa puissance et sa folie. Avant que ne s'apaise son ivresse. Déjà on pourrait croire que cet homme est cerné par les larmes. Un tel épuisement point en lui, comparable à celui des fous après leur crise, à celui des femmes après leur accouchement, à celui des amants après l'amour (p. 210).

24 Voir *Kamouraska*, p. 232. «L'arrière du crâne est fracassé. On y relève *sept* points d'incidence d'une extrême violence». La symbolique du chiffre sept se donne comme l'expression de toute œuvre accomplie. Ainsi en est-il pour les sept jours de la Genèse. Ici, les sept coups de crosse investissent, par transposition, l'enfant de George et d'Elisabeth (*son troisième*) des pouvoirs de la fatalité appartenant de «droit» à Antoine Tassy. De cette façon, les «sept dons d'usage» (référence intertextuelle au conte *La Belle au Bois dormant*), attribués précédemment au nouveau-né par les trois tantes, trouveront à se réaliser contre toute attente raisonnable: «Les trois fées de mon enfance se penchent sur le berceau de mon nouveau-né [...] Ne croient plus guère au pouvoir de leur amour» (p. 188).

Cette symbolique numérique de la compensation est d'ailleurs renforcée plus loin (p. 243) par la métaphore de l'«anse». Le diable à son bras, Elisabeth porte son enfant noir dans l'«anse» de son bras droit. Lieu du meurtre, tombeau pour Antoine Tassy, l'image de l'anse — initialement métaphore topographique du fleuve à Kamouraska — sera employée cette fois dans le sens d'un berceau pour l'enfant de l'amour.

Il est intéressant de constater que l'autopsie pratiquée par le docteur Douglas en 1839 sur le corps de M. Achille Taché avait relevé des contusions sur le cuir chevelu, mais sans qu'on en mentionne le nombre exact. Leur dénombrement par l'instance littéraire tendrait donc à démontrer que le chiffre sept appartient bien à la fiction du symbolique. Voir Annexe IV, *Le drame de Kamouraska d'après les documents de l'époque*.

Elisabeth Rolland réintègre finalement la maison de la rue Augusta — dernier lieu narratif — pour y «accueillir George Nelson» (p. 239). Alors que, rue du Parloir, la prière aux agonisants rappelle la dernière étape de son anamnèse[25] : l'espoir d'une «résurrection».

> Rends-moi le son de la joie et de la fête et qu'ils dansent les os que tu broyas.
>
> Ce que cet homme a fait d'extraordinaire et de surhumain, c'est pour moi qu'il l'a fait (p. 239).

Mais «voici l'homme»; dans toute sa misère, posté de dos, dans l'embrasure de la fenêtre, s'offrant désormais comme la seule lecture possible du monde:

> L'ombre de son corps, à contre-jour. La ligne alourdie de ses épaules, *cette cassure dans sa nuque penchée*[26] (p. 240).

Toute la réalité s'incarne soudain dans ce visage d'homme qu'il faudrait pourtant reconnaître et nommer;

> Innocente! Je suis innocente! Seigneur, tu tournes vers moi ton visage ravagé par le froid. Le noir de ton œil, par éclair, soulevant une paupière lourde de fatigue. Une incommensurable fatigue. Tes lèvres crevassées te collent aux dents. Un si pauvre rictus, en guise de sourire (p. 233).

---

25 Nous avions indiqué au passage le parallèle à établir entre le rituel commémoratif d'Elisabeth Rolland et la cérémonie de l'extrême-onction. Cette correspondance entre les deux niveaux de récit semble se confirmer à nouveau. La fin du rêve d'Elisabeth Rolland correspond à peu près aux dernières prières prononcées au chevet du malade à Québec. Conséquemment, au plan de l'interprétation, ces textes liturgiques acquièrent une plus grande dimension dès qu'on les transpose dans le contexte de l'intertextualité biblique et liturgique qui sous-tend l'œuvre.

26 Nous avons ici une des images les plus suggestives de l'intertexte biblique: celle de la crucifixion, mais sans qu'il y soit suggéré quelque résurrection.

Que l'amour ne puisse s'incarner ici que dans la violence même qu'il cherchait à conjurer: voilà le détour nécessaire et absurde de la fatalité, la face cachée du dieu. Soit l'interchangeabilité des partenaires — «l'alchimie du meurtre» — dans le Grand Jeu. La fuite du sens; son empêchement. L'impossibilité du rachat.

Les «mains trop blanches» (p. 241) d'Elisabeth Tassy / Rolland dénotent le rapport disproportionné du discours à l'action. En définitive, le «procès du langage» aura conduit la narratrice jusqu'aux limites de la «représentation».[27] Quant à franchir le seuil d'une certaine angoisse, Elisabeth Rolland ne peut raisonnablement s'y résoudre. Devant ce spectacle insoutenable la raison ne peut excéder les limites qu'elle s'impose pour se perpétuer. Aucun langage ne peut «supporter la perte de ce que l'interdit est justement là pour préserver: la réalité du sujet, le moyen pour lui d'être reconnu et par conséquent de se reconnaître».[28] Hormis, peut-être dans une écriture désirante où le «langage se donne comme constitution de sa propre destruction».[29]

Un retour à l'économie rassurante d'une «lecture» s'impose donc pour restaurer l'ordre des significations, cautionné par la possibilité du «référent». Cette volonté de présence à soi, comme sujet du discours, s'affirmera d'ailleurs d'autant plus clairement, qu'on verra la narratrice se défendre par l'ironie d'appartenir à cette «fiction» devenue trop insistante: «[...] je me prélasse dans un *roman* peu édifiant» (p. 238).

---

27 «L'effet du «discours», comme enchaînement significatif non-contradictoire, obligation du sens unique sur laquelle la détermination de l'homme (comme conscience et travail) est fondée». Voir Sollers, *op. cit.,* p. 112.

28 P. Sollers, *op. cit.,* p. 53-54.

29 P. Sollers, *op. cit.,* p. 53-54.

Au-delà de la victoire amère de George Nelson, c'est la figure d'Elisabeth Rolland qui continue à témoigner pour la suite du monde. Forcé par un «jeu cruel, une comédie épuisante» d'assumer «jour après jour» (p. 249) la représentation, le personnage qui s'éveille appartient désormais à un «monde renversé où tout contenu apparaît comme purement formel — y compris (sa) propre vie».[30]

> Mourir une fois, deux fois, à l'infini jusqu'à ce que ce soit la dernière fois. La vie n'est pas autre chose après tout (p. 247).

---

30 Voir Sollers, citant Nietzche, p. 132.

Conclusion

On aura donc constaté dans *Kamouraska* la prédominance marquée de la narration sur l'histoire. Plutôt que de faire correspondre le lecteur avec le temps vécu des événements eux-mêmes — conventionnellement, s'entend — la narration vise plutôt à l'en détacher par tout un discours commentatif. On cherche manifestement à privilégier ici la forme nouvelle qu'ils adoptent à vingt et un ans d'intervalle, et le récit en monologue intérieur d'Elisabeth Rolland devient alors le «lieu» propice à un travail de ré-écriture du passé. Voilà ce que notre analyse a tenté de démontrer jusqu'à maintenant.

Nous ne saurions trop insister cependant sur le caractère spécifique de cette narration. Par son engagement dans le «procès»[1] du langage fabulateur, c'est comme «écrivant» que se révèle à nous la narratrice du second niveau de récit, Elisabeth Rolland. Tout en s'ignorant initialement comme «écriture», sa narration n'en pose pas moins cette question fondamentale de l'identité qu'on trouve à l'origine de tout mouvement d'«écriture». Penser, n'est-ce pas toujours écrire sans

---

1 Rappelons que ce terme est employé ici dans son sens littéral de «marche», de «développement».

accessoire? Et dans ce cas, le terme «écriture» prendra l'extension que lui prête Mallarmé:

> C'est un jeu insensé [...] de s'arroger, en vertu d'un doute [...] quelque devoir de tout récréer avec des réminiscences [...]. Une sommation au monde qu'il égale sa hantise à de riches postulats chiffrés, en tant que sa loi.
>
> Il faut donc pousser ce langage jusqu'à ses limites pour savoir de quoi il s'agit, *de qui il est question en nous.* Entreprise des plus difficiles, étant donné l'étendue d'inconscience que nous découvrons aussitôt comme formant notre sol. [2]

De même, la remémoration d'Elisabeth Rolland naîtra d'un dédoublement du sujet de l'énonciation: «Mon âme moisie est ailleurs. Prisonnière, quelque part, loin». Dès le début, les nombreuses ellipses esquissent déjà la «structure absente» d'où surgira le récit second.

Par sa focalisation sur les deux images-clés de la charrette et du miroir, le récit premier offre plus qu'une simple mise en situation du récit second. Lieu de l'extrême confusion, il permet au langage d'entreprendre son «procès» dans une atmosphère de tension et d'affrontement, qui ne pourra se résorber qu'au moment où la phase terminale aura révélé toute la portée tragique des anticipations initiales.

Bientôt le mouvement concentrique de la conscience s'appliquera à tout un travail d'assimilation et de transformation sur les représentations-souvenirs, auquel répond symboliquement celui de la tapisserie comme élément centreur de la structure narrative.

Le nouvel équilibre qu'atteint Elisabeth Rolland à la fin du roman l'oblige en fait à «incarner» sans rémission

---

2 P. Sollers, *L'Ecriture et l'Expérience des limites,* Seuil, p. 71.

sa redoutable identité. Sa «réflexion» initiale devant le miroir lui renvoie finalement son image «renversante»: celle d'une femme noire consumée depuis des siècles par un désir sans limite.

Entre ces deux situations narratives extrêmes, la narration passe par trois étapes importantes. D'abord, la narratrice refuse de s'impliquer personnellement dans le récit et tente de s'en absenter par le subterfuge d'une narration hétérodiégétique (elle / il). En se plaçant délibérément devant son passé comme devant un livre déjà écrit dont il ne reste plus qu'à faire la lecture, la narratrice hétérodiégétique peut ainsi s'adonner pendant quelque temps à toute une «littérature» des représentations.

Mais inopinément, ce qu'elle y lit, la lie à son propre langage retrouvé: «Je dis «je», et je suis une autre». Désormais, elle adoptera une position homodiégé-tique (Je) pour retrouver le mouvement passionnel qui l'unissait autrefois à George Nelson. Cette phase intermédiaire prépare sa «fuite parfaite de la rue du Parloir» qui ne pourra s'accomplir que par l'expérience limite de l'«écriture». Non plus témoin, mais voyante, l'«écrivant» s'engage définitivement dans une poursuite-dénégation du «sens» au-delà de ses derniers retran-chements.

Ces diverses dispositions narratives du récit marquent les étapes d'une évolution où s'opère pour nous tout un travail de transformation sur le sens à donner au texte. Ainsi l'épisode de la «voyante», souvent décrit par la critique comme marginal par rapport à l'ensemble, constitue bien au contraire l'aboutissement même d'une démarche engagée depuis le début du récit par Elisabeth Rolland, qui va de la remémoration à la commémoration.

Il nous reste à examiner maintenant ce qui relève spécifiquement dans le récit de la responsabilité de

l'instance littéraire. Si d'une part, l'écriture de la
«reconstitution» appartient à la narratrice du récit second
comme «œuvre» dans l'œuvre, l'Ecriture intertextuelle
d'autre part, qui se donne à lire comme «spectacle de la
réfection d'un texte»[3] sous le couvert d'une imitation
subtile — l'Imitation de Jésus-Christ —, agit au niveau
narratif plus large d'un «récit de ce qui pense le récit»,[4]
soit comme la véritable dimension mythique[5] de
Kamouraska.

Inscrite de force dans le corps individuel des
«personnes» (Elisabeth et George), l'Ecriture du corps
social — ces «fables de Dieu et celles des hommes»[6] —
sera utilisée par l'instance littéraire aux fins de sa propre
subversion. Par interversion des valeurs symboliques,
l'intertextualité biblique et liturgique sur laquelle s'appuie
la narration du récit second au cours de son développement — le «saint» (George Nelson) devenant l'assassin —
permet au mythe de se développer en filigrane dans le
récit.

Dès les premières pages du roman, le procès
«intérieur» s'annonce déjà ouvertement sous le signe de la
morale chrétienne: «Jour de colère en ce jour-là. Le fond
des cœurs apparaîtra. Rien d'invengé ne restera»
(p. 15-16). Peu à peu, la narration en vient elle-même à

---

3 Laurent Jenny, «La stratégie de la forme», *Poétique* no 26, Seuil,
1976, p. 278.

4 P. Sollers, *op. cit.,* p. 58.

5 «Derrière le masque (du narrateur), il y a le roman qui se raconte
lui-même, l'esprit omniscient et omniprésent qui crée cet univers. [...] C'est lui
qui est cet univers et, là, il peut être omniscient et omniprésent. Le narrateur
romanesque est, en termes clairs analogiques, le créateur mythique de
l'univers», André Belleau, *Le Romancier fictif,* P.U.Q., 1980, p. 32, citation
de Wolgang Kayser, «Qui raconte le roman», *Poétique* no 4, 1970.

6 «Les Noces de Cana, La Fiancée de Lammermoor, A la claire
fontaine, jamais je ne t'oublierai. L'amour, la belle amour des chansons et des
romans». *Kamouraska,* p. 69.

faire écho à cette mise en accusation initiale par un véritable système de références intertextuelles. Chacun des trois[7] principaux personnages — George Nelson, Antoine Tassy, Elisabeth Tassy — y occuperont une fonction symbolique déterminante dans la composition du mythe.

En somme, c'est tout le «Mystère» de la Passion qui se joue[8] dans *Kamouraska,* mais comme contrefait par l'anamnèse d'Elisabeth Rolland «recréant les conditions de la sacralisation pour les transgresser».[9] Tout un réseau de connotations narratives organise donc la remémoration

---

7 La récurrence du chiffre trois dans le roman se fait l'écho du rapport triangulaire établi entre George, Elisabeth et Antoine, lui-même symbolique d'une condition irrémédiable imposée par la fatalité: «travailler avec trois brins de laine en suivant la grille» (p. 125). C'est aussi le «joli triptyque» des trois hommes qui se sont succédés dans la vie d'Elisabeth Rolland, ce «long serpent unique se reformant sans fin dans ses anneaux. L'homme éternel qui me prend et m'abandonne à mesure» (p. 31). Paradoxalement la triade se donne à signifier l'incommensurable, en se l'assimilant symboliquement. Ainsi en est-il de la triade magique des «trois coups», présente dans la forme ludique théâtrale et judiciaire (habilement confondus dans la narration de Mme Rolland), qui semble assurer l'imaginaire contre toute intrusion du réel (dans le cas du théâtre), et vice-versa (dans le cas du judiciaire). Qu'on pense également aux *trois* tantes d'Elisabeth, symbole de son aliénation première. Fait intéressant, la famille de Mme Marie-Josephte Drapeau, mère de Mlle Joséphine d'Estimauville (Elizabeth d'Aulnières) comptait six filles, dont deux célibataires seulement, celles-là même qui ont élevé la jeune fille. Ce qui démontre bien la fonction symbolique qu'occupent les *trois* tantes du roman dans l'esprit de l'instance littéraire. Lire l'annexe III.

A noter enfin, les trois coups de cloche du glas accompagnant l'évocation de chacun des trois derniers villages, l'heure fatale du meurtre répétée trois fois (p. 227), etc.

Comme dans le cas du chiffre sept, on retrouve ici un rapport symbolique de compensation entre l'heure de la mort de Cathy, la sœur de George Nelson, «morte à *trois heures du matin* [...] comme une impie» (p. 176) après avoir tendu «son âme expirante vers le mauvais larron, George, le frère perdu» (p. 170), et l'heure de la naissance du troisième enfant d'Elisabeth, l'«enfant de l'amour», soit à trois heures de la nuit (p. 188).

8 Entendre au sens de «*drame* religieux du Moyen-Age».

9 P. Sollers, *op. cit.,* p. 65.

du passé conformément au rituel d'une messe noire. Cependant, comme nous le verrons plus loin, cette «célébration du sacrifice» se situe bien au-delà de la simple parodie sacrilège. Elle emprunterait plutôt les symboles de ce langage religieux comme pour en vérifier toute la portée signifiante, et ce, en les poussant jusqu'aux limites mêmes qui les fondent. Aussi le Jugement dernier, évoqué au début par Jérôme Rolland, prendra-t-il en dernière instance pour Elisabeth Rolland le sens d'une confrontation ultime avec soi-même une fois la morale chrétienne dépassée.

Ce «drame» religieux a ses acteurs qui évoluent dans l'ombre d'un «Dieu noir» (p. 205). Le faix du destin déforme le monde aux regards de George et d'Elisabeth qui en sont victimes. Fondé sur «l'injustice», cet ordre du monde appellera donc sa transgression.

D'une part, George Nelson tente d'assumer depuis déjà trop longtemps la responsabilité de sa condition de vie humiliante, alors que cette responsabilité incombe à d'autres. Comme François Perrault dans *Le Torrent,* George Nelson est un «enfant dépossédé du monde» par le décret d'une volonté antérieure à la sienne. Le petit protestant «marqué d'un signe» — «isolé, *à gauche,* dans la chapelle de monseigneur de Laval» (p. 154) — porte en lui l'injustice du père comme une «faute originelle» (p. 128).

Il faut se rappeler les circonstances particulières qui ont déterminé cette «redoutable identité» (p. 128) évoquée par Mme Rolland dans son rêve. Nous avons vu au deuxième chapitre comment la narratrice du récit second s'immisçait dans la conscience de «son» personnage pour l'amener à nommer ce mal profond:

D'où vient donc, qu'en dépit de votre bonté, on ne vous aime guère dans la région... Comme si, au fond de votre trop visible charité, se cachait une redoutable identité. Plus loin que le protestantisme, plus loin que la langue anglaise, *la faute originelle...* Cherchez bien... Ce n'est pas un péché, docteur Nelson, c'est un grand chagrin.

Le texte qui suivra, viendra esquisser en deux courts paragraphes la structure même d'un mythe qui ne cessera, par la suite, d'être continuellement évoqué au cours du «drame»:

Chassé,[10] votre père vous a chassé de la maison paternelle (ses colonnes blanches et son fronton colonial) [...]

L'indépendance américaine est inacceptable pour de vrais loyalistes. N'est-il pas préférable d'expédier les enfants au Canada avant qu'ils ne soient contaminés par *l'esprit nouveau?* (p. 128)

On notera la charge émotive rendue par la répétition du verbe «chasser», de même que cette description en contre-plongée de l'imposante construction, toutes deux chargées de représenter l'ampleur de la perte. Voilà l'effet, mais où est la cause? La «faute originelle»,

---

10 Cette «version» des faits n'est nullement corroborée par les régistres de l'époque. D'où son intérêt particulier pour nous. On connaît peu de choses sur George Holmes (George Nelson), contrairement à son frère, l'abbé John Holmes. Chose certaine, les enfants n'ont pas été chassés de la maison paternelle. Loin de là. John se serait enfui au Canada afin d'éviter d'avoir à s'occuper d'une ferme à laquelle son père voulait l'intéresser. Plus tard, il retournera chez lui pour emmener son petit frère George, alors âgé de sept ans, et le convertir au catholicisme.

Autres aspects significatifs. Sur ces mêmes régistres, on trouve inscrit le métier du père: «cordonnier»... On note aussi que la famille compte huit enfants (et non trois), dont un du premier mariage (John), et les sept autres du second. Ces «*trois* petits enfants innocents, traités comme des voleurs» (p. 128) décrits dans le roman semblent donc confirmer une fois de plus notre hypothèse sur la symbolique numérique, énoncée précédemment. Voir annexe V, *Le drame de Kamouraska d'après les documents de l'époque.*

122   *Une écriture de La Passion*

sans nul doute; non pas commise, mais transmise: «ce n'est pas un péché, Dr. Nelson, c'est un grand chagrin».

Le mal tout entier viendrait de l'«esprit nouveau», soit ce désir d'autodétermination du peuple américain. Loyaliste, le père de George Nelson en rejette la légitimité, autant pour lui-même que pour ses enfants. L'indiscutable autorité du trône d'Angleterre et de la mère-patrie aura donc priorité sur le «libre-arbitre».

Aussi, le moment historique que constitue l'Indépendance américaine se prête-t-il tout particulièrement à symboliser paradoxalement la cause du «grand chagrin». Au niveau individuel la révolte de George Nelson tentera plus tard de racheter ce qui lui était alors refusé, mais aussi ce qu'il a perdu à jamais. Il s'élèvera contre l'institution de droit, par son père, d'une «faute originelle», contre son expatriation injustifiable, mais surtout contre cet empêchement — si profondément enraciné en lui par une culpabilité à vide — à profiter de la nouvelle «constitution», de cet «esprit nouveau».

George Nelson est donc régressif par inadaptabilité. Tantôt tourné vers le passé, celui de l'«injustice», tantôt vers l'avenir où le passé s'y répercute en écho, il n'a pas de présent et partage avec Elisabeth Rolland le même refuge: celui de l'intemporalité mythique.

Ainsi, lourd de toute une histoire — celle symbolique de l'Indépendance américaine — ce «grand chagrin» empruntera d'abord les formes du catholicisme pour se purifier et s'exalter dans un même élan contradictoire: «J'ai juré d'être un saint [...] Et je n'ai de ma vie éprouvé une telle rage, je crois» (p. 129).

Ce dilemme propose déjà en lui-même sa solution. Par un concours de circonstances où se répétera symboliquement l'injustice initiale — son amour empêché pour Elisabeth, la mort impie de sa sœur Cathy —, la révolte s'accomplira cette fois sans détour. Figure d'Adam ou du Christ noir, «prince des ténèbres», George Nelson apparaît alors comme un héros démiurgique, bouleversant l'ordre du monde dans un combat mythique pour instaurer l'ordre de son bonheur:

> Depuis le temps que vous tentez d'instaurer la charité pour votre compte personnel, docteur Nelson, allez-vous enfin réaliser votre rêve? Chassé si tôt de la bonté du monde, allez-vous, d'un coup, *réintégrer votre royaume perdu?* (p. 164)

Et plus loin:

> Quel Dieu noir a exaucé ton vœu? Te voilà exaucé et contenté, au-delà de tes espérances. Attention au vertige! (p. 205)

Après avoir si souvent rêvé et si longtemps réprimé son désir de revanche à l'égard de son père, George Nelson pense maintenant pouvoir le réaliser par le rituel du meurtre. Il faut abolir le hasard, dira Elisabeth à George Nelson, cesser de rêver si nous voulons vivre.[11]

La nouvelle situation d'injustice créée par la bêtise et la démence du mari apparaît cette fois intolérable à George Nelson par sa référence implicite à celle vécue initialement dans l'enfance. Comme s'il se voyait irrémédiablement soumis à l'impitoyable répétition d'une même fatalité.

Personnage mythique, George Nelson s'acharne donc à rétablir la réalité dans la pureté de ses origines, là où les mots «vainqueur» et «vaincu» conservent encore tout leur poids d'équivalence référentielle. Mais Antoine Tassy se révèle finalement comme l'image de son propre désespoir, comme son semblable en quelque sorte, victime à sa façon de cette même fatalité que George Nelson tente de

---

11 *Kamouraska,* p. 149.

racheter pour lui-même. D'où l'absurdité de la tentative démiurgique de Salut.

Quant à l'injustice du «père», elle ne peut être elle-même, dans les circonstances, que mythique; et son empire sur le «fils», en se poursuivant au-delà du meurtre accompli, lui démontre bien l'impossibilité d'atteindre au Référent.

D'autre part, l'histoire d'Elisabeth Tassy semble suivre une voie parallèle à celle de George Nelson. Après une petite enfance libre et heureuse chez sa mère, l'univers de la Fable l'oblige également à tout renier vers l'âge de sept ans, pour s'accorder aux attentes des autres. C'est la prise en charge de la «Petite» par les tantes. Mais la narration ne fera qu'esquisser cette période de la vie d'Elisabeth Tassy pour s'attarder davantage à sa «conjuration». [12]

Rappelons qu'il ne s'agit déjà plus ici d'Elisabeth Tassy, mais d'Elisabeth Rolland; quoique cette nouvelle identité matrimoniale ne fasse que confirmer le cercle vicieux de l'aliénation:

> Non pas deux maris se remplaçant l'un l'autre, se suivant l'un l'autre, sur les registres de mariage, mais un seul homme renaissant sans cesse de ses cendres. Un *long serpent unique* se reformant sans fin dans ses anneaux. L'homme éternel qui me prend et m'abandonne à mesure (p. 31).

La distinction demeure fondamentale pourtant entre l'événement passé et sa commémoration sous forme de «triptyque». [13] Après avoir été «reprise» par Jérôme Rolland, Elisabeth attend toujours sa délivrance vingt et

---

12 Les deux tiers du récit second, soit de la page 84 à 241, y sont consacré.

13 *Kamouraska,* p. 31.

un ans plus tard. Il y va de la «possession de (sa) vie réelle, de (sa) fuite parfaite de la rue du Parloir» (p. 162). Une anticipation au second degré[14] nous aide d'ailleurs à comprendre rétrospectivement comment aura pu s'enclencher autrefois le mouvement de réintégration du passé dans le présent, qui détermine aujourd'hui les conditions mêmes de l'«écriture» commémorative:

> Qui donc oserait épouser cette femme, maintenant que le malheur de Kamouraska est arrivé? Brave petit Jérôme Rolland tu lèves la main. Tu réclames la parole. Depuis longtemps, déjà, la trop belle enfant, redoutable, te fait trembler dans l'ombre. C'est le moment où jamais. Il n'est que de lui offrir un nom pur et sans tache... Mais, *je te préviens que jamais George Nelson ne tolèrera pareille ignominie...* (p. 223)

Faute du retour effectif de George Nelson après toutes ces années d'attente, Elisabeth Rolland en est réduite à l'imaginer selon «l'esprit de la Lettre»:[15]

> Dites seulement une parole et je vous obéirai. Dois-je à nouveau sacrifier ma chevelure? Laissez derrière moi mes enfants et ma maison?[16]

---

14 Nous sommes encore au cœur de l'action remémorée par Elisabeth Rolland, au moment où se fait la réflexion qui suit. Voir dans le texte la prochaine citation. Il y a d'abord cette première anticipation sur les événements qui suivent le meurtre. Puis, à celle-ci s'ajoute une seconde qui imagine cette fois le retour éventuel de George Nelson, venu reprendre Elisabeth à Jérôme Rolland.

15 Les intertextes bibliques et liturgiques qui suivront s'ajouteront à tous les extraits déjà cités jusqu'ici. La référence au texte d'origine peut être explicite ou implicite, mais en général toujours quelque peu modifiée au besoin par l'instance littéraire.

16 *Ibid.,* p. 123. Ref.: Le Christ et l'aveugle. Voir aussi l'engagement apostolique des disciples du Christ.

> La mort d'Antoine Tassy, *convoitée comme un fruit.* [17]

> Bénis sommes-nous par qui le scandale arrive. [18]

> Farewell my love. Nous ne nous verrons plus jusqu'à ce que ce qui doit s'accomplir, soit accompli, là-bas à Kamouraska. [19]

> Que le poids de notre projet te soit léger. Se change en flamme claire, te protège et te soutienne, tout au long du voyage. [20]

Comme si, somme toute, l'«acte essentiel» avait jadis été accompli une fois pour toutes, et qu'il ne s'agissait plus maintenant que d'en parfaire en soi la réalisation par la Commémoration.

Ainsi Elisabeth Rolland nous révèle à son tour la dimension mythique de son personnage. Par la célébration narrative du sacrifice, elle prend figure de symbole collectif. La condition humaine de toute une «humanité» se reflète en cette Eve noire, placée éternellement devant la fenêtre du monde, et fixant son «regard sans prunelle» [21] dans l'attente de quelque rédemption. C'est à ce niveau symbolique que la matière du Récit trouvera son principe unificateur.

Par ailleurs, la fonction mythique du personnage d'Antoine Tassy consiste, dans un premier temps — celui de la fable ou du conte —, à incarner paradoxalement sous les traits du «mari monstrueux» et de l'«enfant pleurnichard» une fatalité aveugle et injuste. Son omniprésence

---

17 *Ibid.*, p. 42. Ref.: *La Genèse.* La connivence de George et d'Elisabeth rappelle celle d'Adam et Eve avant la faute.

18 *Ibid.*, p. 131. Ref.: Le «Magnificat» parodié.

19 *Ibid.*, p. 191. Ref.: La dernière Cène.

20 *Ibid.*, p. 194. Formule de prière.

21 A. Hébert «Eve», *in Poèmes,* Seuil, 1960, p. 102.

silencieuse contamine actions et pensées, réclamant l'aliénation d'un bonheur imaginé comme possible par les amants.

Mais investi d'un pouvoir disproportionné dans le contexte de la Passion, le personnage retrouvera sa dimension humaine après la reconstitution. Pour Elisabeth Rolland, il ne représente plus alors qu'un moment parmi les autres du cercle infernal. L'«alchimie du meurtre» (p. 240) aura consacré le mouvement toujours recommencé en d'autres figures de sa condamnation. Au moment où George Nelson se pose comme vainqueur des forces «sacrées» du destin, il s'établit en même temps aux yeux des autres dans une solitude absolue, devenant alors lui-même monstrueux:

> Tu me fais peur. Laisse-moi passer. Je ne puis vivre ainsi dans une aussi forte terreur. Face à une action aussi abominable. Laisse-moi m'en aller. *Devenir Mme Rolland à jamais* (p. 233).

Aussi, ce «sacrifice» ne peut-il offrir aucune rédemption. Elisabeth Rolland évalue donc toute la témérité de son entreprise; son illusion à vouloir faire porter la responsabilité du «Sens» sur un «maître-mot», un signe centreur: celui de la croix, ou du crime en l'occurence.

«Kamouraska» aura donc été le lieu où s'est opérée la transgression du «Verbe» dans l'instant même du meurtre. Mais cet instant suprême demeure interdit au niveau de la durée. Et l'aire de la parole, devenue inhabitable, il ne restera plus qu'à supporter indéfiniment et courageusement le silence vertigineux de la «Profanation».

Pour un nouveau Torrent

Pour un nouveau Torrent[1]

Autant le dire tout de suite: cette «histoire» n'a ni commencement, ni fin; ni queue, ni tête, «long serpent unique se reformant sans fin, dans ses anneaux».[2] Symbole même de l'«alliance» nouvelle, éternelle, assumée par Catherine à la fin des *Chambres de bois,* Elisabeth Rolland dans *Kamouraska,* Sœur Julie-de-la-Trinité dans *Les Enfants du Sabbat* et Bernard dans *Héloïse.* C'est le paradoxe qui se donne comme fondement de toute l'œuvre.

Une certaine «faute», celle de la mère, Claudine Perreault, paraît motiver toutes les actions des personnages du drame. Mais qu'en est-il au juste? Nous n'en saurons que très peu là-dessus, sinon que son fils, François, semble en être l'«incarnation» même.

Dès lors notre attention sera requise par cet hors-texte qui refuse de se dire. Des bornes précises ont été fixées autour de cet interdit. Les seules informations nécessaires à sa formulation nous seront transmises par

---

1 Nos références au *Torrent* seront données entre parenthèses dans l'ordre suivant: l'édition de 1963 chez Hurtubise HMH et la réédition plus récente de 1980, toujours chez le même éditeur.

2 *Kamouraska,* p. 31.

l'«homme horrible» (p. 15 / 13), rencontré par François au bord du chemin. La fonction de ce personnage est manifeste, soit celle de faire pendant à Claudine, les plaçant ainsi tous deux en rapport d'opposition systématique.

Cet homme représente tout ce que cette femme combat avec acharnement: une déchéance irrémissible. Et c'est de cet «homme» que François recevra sa première arme pour combattre la domination de sa mère sur lui: un nom, la «grande Claudine», comme une incarnation. La magie réductrice de l'identité; le nom de son adversaire. Le conflit à venir se situera donc très tôt au niveau du langage.

Là-bas, il y a cette ville qu'elle a dû quitter par suite d'une «disgrâce». Abandonnée par le père naturel de son enfant, qu'on pourrait présumer — mais attention aux présomptions trop hâtives — être l'homme de la vase, soit l'«homme horrible» aperçu dans le fossé, Claudine doit trouver refuge ailleurs pour tenter de s'y «redorer une réputation» (p. 28 / 22). Tout cela est bien connu. Ce qui l'est moins, c'est la raison de sa farouche détermination à vouloir «racheter» cette faute, l'effacer jusqu'à s'en «affranchir» complètement. «La possession de soi... la maîtrise de soi... surtout n'être jamais vaincu par soi» (p. 19 / 16). Il y a déjà là, en substance, tout le personnage de George Nelson: «j'ai juré d'être un saint. Je l'ai juré! Et je n'ai de ma vie éprouvé une telle rage, je crois» *(Kamouraska,* p. 129); sans oublier non plus les personnages de Michel, dans *Les Chambres de bois,* de Joseph, dans *Les Enfants du Sabbat* et de Bernard, dans *Héloïse.*

Ne nous y méprenons pas; le défi de Claudine en est un de taille. Il dépend d'un niveau supérieur à celui de la simple obstination vertueuse d'une dévote. S'il en était ainsi, le récit se serait depuis longtemps réduit à figurer parmi les textes datés, confiné à sa fonction de représentation d'une époque «heureusement-révolue-aujourd'hui-au-Québec» (!), auquel texte on accorderait encore, malgré certaines «réserves», des «qualités indiscutables» au plan littéraire; soit la complexité des techniques narratives, la «richesse» de la symbolique, etc.

Certes, sans aller jusqu'à nier cette fonction de représentation, cette lecture sociale de l'œuvre, nous en refusons cependant la primauté au plan de l'écriture. Cette interprétation a par trop démontré son inefficacité à saisir l'ensemble de l'œuvre dans le respect intégral de toutes ses parties.

De là ces conclusions hâtives et confuses à propos d'un certain «suicide» de François à la fin du récit. Nous rejetons sans équivoque cette interprétation. L'analyse saura démontrer qu'au contraire, François Perreault n'a jamais été aussi «passionnément» vivant qu'en ce moment précis où il contemple son image dans le torrent, placé à jamais devant sa «seule et épouvantable richesse» (p. 65 / 46).

Des personnages mythologiques

Le personnage de Claudine Perreault appartient, par sa puissance d'évocation — la grande envergure qu'on lui prête à travers les yeux de son fils —, à toute une mythologie qu'affectionne particulièrement Anne Hébert, comme nous le verrons plus loin. Citons par exemple cette phrase de François: «Et je savais que bientôt ce serait inutile d'éviter la confrontation avec la gigantesque Claudine Perreault» (p. 34 / 26). Ou cette autre, plus étrange encore, prononcée après la mort de sa mère: «Ai-je combattu corps à corps avec l'*Ange*. Je voudrais ne pas savoir» (p. 36 / 27). La référence implicite au combat biblique des deux Anges est ici évoquée, et le mythe lui-même ainsi convoqué. Comment justifier cette image dans le présent contexte? Par contre, comment pourrait-on lui refuser sa nécessité absolue dans l'écriture du texte? Ce qui équivaudrait à dire que tout cela, de toute façon, n'est que «littérature», et qu'une métaphore de plus ou de moins...

Présumons que ce corps à corps mette en présence les deux anges de la Genèse. Il s'agirait alors de l'ange saint Michel,[3] dont le nom signifie «semblable à Dieu», et de l'ange Lucifer, ce «porte-lumière» déchu aux enfers. Notons au passage qu'ils ont tous deux la même origine divine.

Comme François assume ici le mauvais rôle, celui que lui confère les pouvoirs de Perceval, ce cheval noir dont «la fureur n'est jamais démentie» (p. 31 / 24), Claudine, ou du moins ce qu'elle représente comme personnage mythique, deviendrait l'«autre» adversaire. Dès lors cette logique impitoyable nous apprend que le beau rôle tenu par l'ange saint Michel n'a plus cours ici, contrairement au récit biblique.

D'une part, l'Ange serait imparfait et miné par le désir insatiable de la perfection à conquérir pour devenir «semblable à Dieu». Claudine elle-même est un personnage ambivalent, c'est un fait. Elle le démontre bien à l'occasion de la première incartade de François. De retour à la maison, elle le semoncera d'abord avec toute l'assurance de son ironie triomphante: «C'est beau un être humain, hein, François? Tu dois être content d'avoir enfin contemplé de près un visage. C'est ragoûtant, n'est-ce-pas» (p. 18 / 15). Mais bientôt elle perdra le contrôle d'elle-même: «ses yeux lançaient des flammes. Tout son être, dressé au milieu de la pièce, exprimait une violence qui ne se contenait plus, et qui me figeait à la fois de *peur*

---

3 On retrouve ce personnage mythologique dans toutes les œuvres d'Anne Hébert.

et d'*admiration*» (p. 19 / 16). La «maîtrise de soi» qu'elle prônait tant n'est donc pas assumée; l'intervalle béant du désir face à l'idéal convoité subsiste encore.

D'autre part, on constate que ce même désir de perfection constitue la cause première de son échec dans le «grand Combat». Qu'est-ce à dire alors? Cet Ange ressemble étrangement à l'Autre, comme s'ils pouvaient interchanger leur position jusqu'à ne plus faire qu'un seul être. Nous voilà en plein paradoxe. La question est vaste et nous ne pourrons y répondre que graduellement suivant la progression de l'analyse.[4]

Cependant, pour se justifier pleinement, cette image du combat de l'Ange contre la Bête doit trouver ses correspondances analogiques dans tout le texte. Ce qui nous ramène à la «faute» du début. Comment Claudine pourra-t-elle la «racheter», comment pourra-t-elle s'en «affranchir»? Voilà le principe d'unité générale qui assurera la progression et l'orientation des événements de l'histoire.

L'«*Economie du Salut*»

Un certain type de comptabilité, une «Economie du Salut» comme le dira ironiquement sœur Julie-de-la-Trinité dans *Les Enfants du Sabbat* (p. 137), doit donc s'instaurer absolument. D'où ce «livre de compte», si important pour Claudine Perreault, et dans lequel seront investis des «efforts de comptabilité (parfois inouïs)» (p. 63 / 45), dira François, qui semblent tendre à l'extinction d'une dette. Evidemment, il ne saurait s'agir ici d'une dette contractée envers quelqu'un du village,

---

4 Clef de voûte de la symbolique du *Torrent,* la métaphore du «combat des Anges» a d'ailleurs été située au centre matériel du texte, immédiatement avant sa division en deux parties. Nous n'avons fait que l'effleurer ici. En fait, il ne sera question implicitement que de cela au cours de l'analyse.

puisque cet argent — «l'argent du mal» — est destiné à être brûlé, perdant ainsi irrémédiablement toute sa valeur d'échange pour devenir «offrande» dans un rite sacrificiel. Mais ce secret sur les activités personnelles de Claudine ne sera découvert qu'à la fin du récit. Il représente pour François une découverte très importante qui va d'ailleurs le bouleverser au plus haut point. Nous y reviendrons plus tard.

Comme on le sait, le but premier de toute comptabilité est d'assurer une rentrée susbtantielle de gains, en évitant la trop grande dispersion des argents par la dépense. Mais à quoi pourrait correspondre ici ce principe d'équilibre au plan symbolique?

D'une part, nous saurons par François que Claudine agit toujours «par discipline», «pour se dompter elle-même» (p. 12 / 11). Sa supériorité sur son fils tient précisément à cette «retenue» que lui assure l'«économie» de ses forces. Rien ne lui échappe de la «paresse» ou des «flâneries» (p. 33 / 25) de François au cours de cet été qui précède son entrée au Séminaire. Elle en fera même son profit: «toute sa vigueur *ramassée* et *accrue* par cette longue et apparente démission [...] n'était en réalité qu'un *gain* remporté sur sa vivacité» (p. 33 / 25). D'autre part, au cours de l'affrontement qui s'annonce, la contrepartie de la dépense viendra de François. Et Claudine sera broyée par la violence secrète qu'elle aura elle-même engendrée chez son fils.

Perceval[5] sera l'incarnation même de cette violence «retenue». En effet, il existe un lien causal évident entre le moment où surgit Perceval et la révolte croissante de

---

5 Son arrivée au domaine doit être située par rapport aux deux autres actants extérieurs à ce «domaine», soit l'homme horrible» et Amica. Ces trois éléments sont homogènes et s'inscrivent à l'intérieur d'une symbolique précise, comme nous le verrons au cours de notre étude.

François. Ce cheval appartient aux «forces obscures» du monde par les caractéristiques qu'on lui prête: noir, sauvage, indomptable. Ces forces se manifestent toujours lorsqu'on les sollicite. Que ce soit directement, par la magie noire des *Enfants du Sabbat,* ou indirectement, par le refoulement d'interdits devenus des excroissances du songe *(cf.* Catherine dans *Les Chambres de bois,* Elisabeth et George dans *Kamouraska*[6] ou Bernard dans *Héloïse).*

Dans *Le Torrent,* Perceval prête sa forme magique, presque hallucinante, au désir de François. Il n'est pas François.[7] Il agit cependant sur lui comme agirait un spectacle sur un spectateur fasciné: «Le spectacle de la colère de Perceval m'attirait [...] Je n'avais jamais pu imaginer pareille *fête»* (p. 32 / 24). Notons au passage que cette image de la «fête», décrite plus avant dans le texte comme «la présence réelle, physique, de la passion» (p. 32 / 24), est utilisée comme point de jonction entre la colère de Claudine (après l'escapade de François hors du domaine) — «seul l'éclat des yeux ne se retirait pas tout à fait, ainsi que les restes d'une *fête»* (p. 19 / 16) — et la furie de Perceval. La colère de l'une et la furie de l'autre créent d'ailleurs la même émotion ambivalente chez François: peur mêlée d'admiration devant Claudine; fascination mêlée d'impuissance devant Perceval.

---

6 *Kamouraska* répétera de façon plus explicite que les deux autres romans cette «métamorphose des bêtes et des hommes» (p. 191), en recréant cet animal mythique, mi-homme mi-bête, «corps fabuleux» d'une «fureur amentée». Cette histoire d'Elisabeth, à propos du coq qui avait pris l'habitude de dormir sur le dos du cheval noir de George Nelson, nous rend bien l'idée de la métamorphose qui s'accomplit imperceptiblement dans le voisinage d'une passion. Un jour d'épouvante survient alors, inévitablement; et voilà que le coq, ses ergots pris dans la crinière du cheval, ne peut plus s'en distinguer: «coq et cheval emmêlés, c'est toi (George), toi courant gaiement à l'épouvante et au meurtre» (p. 191).

7 «cette bête frémissante ressemblait à l'être de fougue et de passion que j'*aurais* voulu incarner» (p. 31 / 24).

François libérera Perceval parce que, dira-t-il, sa révolte est «mûre et à point» (p. 34 / 26). Une autre image qui n'est pas sans évoquer celle du «fruit défendu» placé entre Elisabeth et George par l'entremise de la fleur rouge de la tapisserie: «La mort d'Antoine Tassy convoitée comme un fruit» *(Kamouraska,* p. 42).

De même ici, au plan du symbole, Perceval est-il plus qu'un cheval. Pourrait-on aller jusqu'à en faire un symbole en soi du monde animal, et par là de la nature même qu'il représenterait dans sa force indomptable? Que dire alors de cet autre cheval, ce «vieil Eloi» (p. 14 / 13), mort aux champs pour avoir trop travaillé sous les ordres de Claudine? Peut-on présumer qu'il ait eu la même attitude que Perceval avant que Claudine n'en ait fait une bête de somme? Fausse question, s'il en est une, que nous posons seulement pour les besoins de la démonstration. En effet, la question est superflue puisque la révolte de François n'était pas «mûre» à l'époque, et que, par conséquent, l'histoire étant une convention, le récit ne réclamait pas cette révolte.

Le symbole relie donc inextricablement François à *ce* cheval par un lien temporel. C'est la «brèche» du rêve, créée par l'accident de sa surdité, cette déchirure de la «terre de la mémoire» — lieu même d'un tourment à demeure, d'un torrent éternel —, qui livre passage à Perceval; tout comme le rêve d'Elisabeth Rolland l'amènera à se confronter au «génie malfaisant des sons et des images» *(Kamouraska,* p. 40).

Ainsi, comme le torrent qui se met tout à coup à «exister», alors qu'il avait toujours été là, près de la maison, il en va de même pour Perceval. Nous sommes devant deux «torrents», l'ancien et le nouveau, comme nous sommes devant deux «chevaux», Eloi et Perceval.

Cependant il n'est déjà plus tout à fait question de

«cheval», mais bien de «bête» — «Ah! Perceval, qui
étiez-vous donc» (p. 51 / 37) —, à partir du moment où,
soit par anticipation sur sa véritable identité («la *bête* était
déchaînée» p. 34 / 26), soit par rétrospection sur un
événement capital dont François ne conserve pourtant
aucun souvenir («la *bête* a été délivrée», p. 36 / 27), cet
actant deviendra un «démon captif» à qui l'on doit «en
hommage et en justice [...] d'être soi dans le monde»
(p. 34 / 26). «A quel mal voulais-je rendre la liberté?
Etait-il en moi?» (p. 35 / 26). Tous ces mots pèsent lourd
ici, et nous devrons plus tard en tirer les conclusions qui
s'imposent.

Mais, pour l'instant, revenons-en à notre «économie du Salut». «Toute cette haine (par identification de
François à la colère de Perceval), aussi mûre et à point, *liée*
et *retenue*» (p. 34 / 26) (*cf.* les économies de Claudine),
viendra comme un débit annuler un crédit («sa vigueur
ramassée et *accrue* [...] *gain* remporté sur sa vivacité»,
p. 33 / 25). Cette «étrange alchimie» *(Kamouraska,*
p. 240) du bilan comptable nous ramène donc au point de
départ sans que la «faute» n'ait pu être rachetée. En se
servant de son fils pour s'affranchir, la mère n'aura réussi
qu'à confirmer sa «damnation éternelle». Quant à
François, «lié à une damnée» (p. 56 / 40), il ne pourra
trouver mieux que d'utiliser à son insu — le livre de
compte ayant été découvert après la fuite d'Amica — le
même modèle comptable pour assurer son propre «Salut».
Ce que nous verrons plus tard.

Une dernière question reste en suspens. Comment
Claudine a-t-elle pu «chiffrer» le montant nécessaire à son
affranchissement, dont elle annonçait l'accomplissement
par anticipation à la fin de son livre de compte: «Soldé
l'argent du mal?» (p. 63 / 45 François nous fournira
indirectement la réponse, en nous donnant la date de cette
inscription au «grand-livre»: le jour même de la mort de sa

mère. Soit celui de son entrée au Séminaire.

Pour avoir été chiffrée à l'«étalon» d'une morale comptable, la magie du Rachat reprend ici ce qu'elle avait semblé donner ailleurs. Ce «Chiffre» est évidemment celui du Rédempteur chrétien, dont la tâche doit être assumée par François. La Messe, c'est le Sacrifice, dira Claudine. «Le prêtre est à la fois sacrificateur et victime, comme le Christ. Il fallait qu'il s'immolât sur l'autel, sans merci, avec l'hostie» (p. 20 / 16).

La corrélation établie ici par l'instance littéraire entre d'une part, le sacrifice d'une victime qui soit en même temps son propre sacrificateur, et d'autre part, la mort de la mère (victime) provoquée par l'action du fils (sacrificateur), laisse à penser que Claudine et François sont indissolublement liés par un secret commun, une «faute» commune: «Tu es mon fils. Tu me continues» (p. 21 / 17). Comme si ces deux actants constituaient en fait les éléments identiques et interchangeables d'un même processus. Celui d'un sacrifice perpétuel pour l'impossible rachat d'une «faute».

Rappelons qu'à ce point de l'analyse la mort de Claudine ne représente qu'une étape dans le «grand Combat». La victoire de François sur sa mère n'est qu'apparente et ne fait que marquer une transition nécessaire dans la structure binaire du récit. La fin de l'histoire nous les montrera d'ailleurs enchaînés l'un à l'autre *de* toute éternité, *pour* toute l'éternité (*cf.* la nouvelle «alliance» du début): «François, regarde-moi dans les yeux» (p. 65 / 46).

Le fait divers

Par ailleurs, c'est par le biais de cette «vocation forcée» du personnage François Perreault, qu'on rejoint le pré-texte du fait divers qui a inspiré l'auteur dans la conception de l'œuvre. Voyons ce qu'en dit Anne Hébert:

J'avais lu dans les journaux que dans la Beauce un étudiant au Grand Séminaire avait tué sa mère. L'affaire avait été rapidement enterrée, il n'y avait pas eu de procès. J'ai été attirée par ce drame parce que c'était resté inachevé. Je me suis demandé pourquoi c'était arrivé et j'ai pensé que ç'avait dû être une vocation forcée. Je connaissais le torrent, j'ai imaginé une maison à côté. [8]

Evidemment, ce meurtre prend toutes les allures d'un échec cuisant pour la société qui a permis que se crée les conditions à sa réalisation. Pendant plusieurs générations la culture québécoise a vécu de son rapport intime à une forme de christianisme «à rabais», et s'est nourrie de «signes vides» *(Le Torrent,* p. 36 / 27). Maintenant, dira François, après la mort de sa mère, tout est par-terre.

A ce sujet, on se rappellera la profonde ironie des *Enfants du Sabbat* où les sœurs du Précieux Sang se voient toutes condamnées dans un Jugement dernier («ultime»), à devenir ce qu'elles ont joué toute leur vie, jusqu'à y être impitoyablement crucifiées. Le silence de Dieu est parfois préférable à sa parole, dira Julie-de-la-Trinité. «Entendez-la donc cette parole dure» (p. 49). Mais cette condamnation atteint les deux «magies rivales» avec la même intensité dévastatrice. Aussi, les villageois, après avoir été près de contempler la «faute originelle» au cours du rituel incestueux de la mère et du fils, doivent-ils renoncer à toute rédemption possible en se réconciliant avec «Dieu», rassurés et terrifiés à la fois devant les «portraits, dix fois agrandis, des parents, sinistres et mortuaires» (p. 128). Nul ne peut voir le diable sans mourir, dira sœur Julie.

---

8 Interview par Michèle Lasnier, *in Châtelaine,* avril 1963, p. 76.

Ainsi, ce christianisme fondateur n'aura pas su comprendre la terrible exigence du Paradoxe (sacrificateur et victime) à la source même de cette écriture / Ecriture de la Passion. Il n'aura été, somme toute, que la «monnaie d'échange» de toute une société d'humiliés, de vaincus, où le rapport prêtre / fidèles n'avait plus rien à voir avec une quelconque célébration rituelle véritable, mais reposait plutôt sur un rapport de force bien déterminé. L'oligarchie du pouvoir religieux allait permettre au plan de l'imaginaire collectif l'affirmation d'un ordre divin supérieur à l'ordre humain. Cette négation du monde («la vraie vie est ailleurs») allait «donner le change» à ce mal, à cette «faute», à cette déchéance économico-politique, comme un nouveau Salut dans l'ici-bas par l'au-delà.

Bien que cette lecture sociale du *Torrent* ne soit pas nouvelle en soi, il restait néanmoins à relier plus intimement l'écriture de l'œuvre au type de société qu'on y évoque. Ce que nous avons fait en nous appuyant sur le symbolique de l'«économie du Salut». Plus tard, nous analyserons également l'influence qu'aura pu avoir sur l'auteur une certaine littérature existentialiste propre à l'époque de la rédaction du *Torrent* (1945).

Le «domaine», comme lieu de langage

Si l'on connaît maintenant l'enjeu du «grand combat», il nous reste cependant à suivre les principales étapes de cette confrontation. Avant qu'aucun coup n'ait été porté réellement entre les deux adversaires, on constate que la lutte s'était déjà engagée depuis longtemps au niveau du langage.

Il ne faudrait pas, encore une fois, se méprendre sur la nature de cet «espace» du domaine. C'est bien celui, symbolique, du langage. A l'époque où commence cette histoire, François ignorait presque tout du monde par le «décret d'une volonté antérieure à la [sienne]»

(p. 9 / 9). «J'étais un enfant dépossédé du monde [...] Je touchais au monde par fragments» (p. 9 / 9). Mais peu à peu, à travers l'expérience du langage — les représentations de sa magie évocatrice — il parviendra intuitivement à saisir l'«esprit du domaine» (p. 31 / 23).

Comme nous l'avons vu précédemment, la révélation du nom de sa mère par l'«homme horrible» constitue sa première véritable expérience de langage: «la grande Claudine (c'est ainsi que mentalement *je me prenais* à nommer ma mère)» (p. 18 / 15). L'interdit transgressé lui livre le mot comme une force incantatoire dont il pourra disposer au besoin. Ce pré-nom lui fera ainsi entrevoir pour la première fois la dimension temporelle du passé. En suscitant toute la question des origines, le temps prendra brusquement une densité qu'il n'avait jamais eue auparavant.

D'où cette impression ambiguë chez François d'avoir déjà vécu par procuration à travers le passé de sa mère, tout en ayant encore à la vivre, cette «*prestigieuse* et *terrifiante* aventure» (p. 18 / 15). L'ambivalence de cette première émotion trouble constitue la base de toutes celles qu'il ressentira par la suite, jusqu'à cette découverte finale de sa double nature, dont nous avons déjà parlé. Dans cette opposition du «prestigieux» et du «terrifiant», se profile par anticipation l'écartèlement ultime de sa «Passion», la «seule et épouvantable richesse» (p. 65 / 46) de son «Jugement dernier» (p. 55 / 40).

L'éveil de cette dualité (la «faute»), son affirmation, son «incarnation», voilà précisément ce que tente de combattre Claudine, en y opposant toujours le mythe de l'Unité dans la continuité: «Tu es mon fils. Tu me continues» (p. 21 / 17). François représente pour elle l'adversaire potentiel qu'on doit se soumettre, et dont l'aliénation pourra seule lui assurer son propre affranchissement.

La supériorité de Claudine doit donc s'inscrire de manière irréfutable dans son propre langage, afin d'éviter l'affrontement tant redouté. C'est à ce niveau symbolique qu'elle tente de prévenir les coups, de les racheter à l'avance, s'acharnant ainsi à nier jusqu'à l'existence possible de tout différend. La discipline stricte qu'elle s'impose, l'«empire» qu'elle exerce sur elle-même pour ne frapper son fils qu'en des moments les plus inattendus, n'a pour seul but, comme le dira François, que de l'«impressionner davantage en établissant le plus profondément possible son emprise sur [lui]» (p. 12 / 11). «Elle s'élevait au-dessus de tout, sûre de son triomphe final. Cela me rapetissait» (p. 34 / 25).

Pour Claudine, tout se doit d'être «spectaculaire». Elle dispose d'un arsenal d'images — équivalents symboliques des économies du «grand livre» — qui forcent François à prendre une «mesure» disproportionnée d'elle-même, l'empêchant ainsi de la jauger à sa juste valeur.

Mais tôt ou tard, la Connaissance (la «faute», le fruit de l'«Arbre»), enfermée dans la circularité même de sa nature — cette combustion toujours recommencée du Phoenix qui nous la donne comme «constitution de sa propre destruction» —,[9] doit toujours en arriver à se consumer elle-même dans son propre mouvement d'«écriture». Pour François, cette projection d'images prendra de plus en plus les apparences d'un pouvoir occulte qu'il lui faudra d'abord nommer, puis dénoncer.

On se rappellera, par exemple, le caractère particulièrement fascinant de cette scène au cours de laquelle François *voit* écrit dans un livre, après l'avoir entendu prononcé, le nom même de sa mère: «les lettres du

---

9 P. Sollers, *L'Ecriture et l'Expérience des limites,* Coll. Point no 24, Seuil, 1968, pp. 53-54.

prénom dansaient devant mes yeux, se tordaient comme des flammes, prenant des formes fantastiques» (p. 21 / 17). Arrivée sur ces entrefaites, Claudine semble suivre en lui l'émotion qui le bouleverse comme si elle en comprenait la raison même: «elle ne me sauva pas de mon oppression. Au contraire, sa présence donnait du poids au caractère *surnaturel* de cette scène» (p. 21 / 17). On connaît la suite. La magie rivale de la mère, les traits de plume qui «scellèrent son destin» (p. 21 / 17) en niant la divergence possible des deux forces, confondues en leur commune origine: «Perreault».

Au collège, la «mise à couvert des signes»[10] assurera temporairement à François la maîtrise des objets d'étude: «je me gardais de la vraie connaissance qui est expérience et possession» (p. 23 / 19). Ce commentaire rétrospectif du narrateur indique ici toute la distance parcourue depuis. Mais à l'époque, sa mère triomphait encore par son omniprésence dans l'absence. Même au collège, espace extérieur au domaine, on ne sort jamais du «Domaine», soit de cette «économie du Salut» propre au langage de Claudine. «Fidèle à l'initiation maternelle, je ne voulais retenir que les signes extérieurs des matières à étudier» (p. 23 / 19).

Cependant le même sentiment d'expectative revient toujours à intervalle régulier: «... au fond de moi, je sentais parfois une *richesse* inconnue, redoutable, qui m'étonnait et me troublait par sa présence endormie» (p. 22 / 17-18). On notera au passage la métaphore de la «richesse», filée par l'instance littéraire du début à la fin; la richesse de François faisant toujours pendant à celle du «grand livre». Reflet d'une opposition systématique entre la dépense et l'économie, la passion et la raison, la nature et la culture, antithèse manichéiste qui sera finalement

---

10 Sollers, *op. cit.*, p. 53.

assumée par François à l'intérieur du Paradoxe.

Puis, c'est au contact du texte littéraire que se manifeste inopinément la «grâce» (p. 24 / 19). «J'eus la perception que la tragédie où le poème pourrait bien ne dépendre que de leur propre fatalité intérieure, condition de l'œuvre d'art» (p. 24 / 19).[11] Cette fatalité est perçue, ici non seulement par rapport à son mouvement d'entraînement, sa force aspirante vers la réalisation de l'œuvre — la «propre fatalité intérieure» — mais également par rapport à sa fonction inspirante pour l'auteur, comme condition même de sa conception première. Donc, comme deux aspects (principe et fin) corrélatifs du même phénomène.

Cette «révélation» ne sera pas sans conséquence pour la suite. Elle permettra l'émergence progressive de l'«ombre possible de la face nue de Dieu» (p. 24 / 19) au milieu des principes et des recettes. Non pas de ce «Dieu-alibi» dont se sert Claudine, mais bien de ce Dieu «innommable» (YAWE), de cet être / non-être, avalant / avalé, comme une conscience du monde à vif.

Désormais, ce sera la «volupté de faire ce qui est irréparable» (p.26 / 20), mêlée à l'impuissance de l'«irrémissible» (p. 27 / 21), qui rendra possible l'affrontement effectif de François avec Claudine: «je savais que bientôt ce serait inutile d'essayer d'éviter la confrontation avec la gigantesque Claudine Perreault» (p. 34 / 26).

En assumant la «part maudite» de l'homme, le fils déclenche irréversiblement, «fatalement», le mécanisme de l'affrontement sans issu. Ainsi, issu de la «faute» de sa mère, François lui refuse le rachat (sa prêtrise) en s'entêtant dans son «incarnation». Par ailleurs, en

---

11 *Cf.* cet autre texte des *Chambres de bois:* «Et parfois, fables et poèmes, en leur vie possédée, crevaient comme des veines de couleur, au milieu des plus blanches broderies» (Seuil, 1979, p. 84).

frappant son fils à la tête avec le trousseau de clefs («gros nœud de ferraille où toutes les clefs du monde semblaient s'être donné rendez-vous», p. 27 / 21) pour le punir, Claudine lui donne involontairement accès par la surdité à l'«esprit du domaine»: «à partir de ce jour, une *fissure* se fit dans ma vie opprimée» (p. 29 / 22). «Que je touche au mal, puisque c'est la seule *brèche* par laquelle je puisse atteindre la vie» *(Le printemps de Catherine,* p. 134 / 97). La terre de la mémoire s'ouvre alors au torrent, expression même de cette «fatalité» du domaine où l'on trouve «de l'eau sous toutes ses formes, depuis les calmes ruisseaux *jusqu'à l'agitation du torrent»* (p. 14 / 12).

Le coup de Claudine se répercutera par-delà elle-même, dans cet espace «existentiel» où elle ne pourra plus désormais le racheter. Alors que toute son entreprise consistait à faire l'«économie» des forces du torrent, elle n'aura réussi au contraire qu'à accroître progressivement chez François le goût frénétique pour la dispersion dans la dépense: «les jours épouvantables où je ressassais ma révolte, je percevais le torrent si fort à l'intérieur de mon crâne, contre mon cerveau, que ma mère me frappant avec son trousseau de clefs ne m'avait pas fait plus mal» (p. 30 / 23).

Au-delà du mythe de l'intériorité

Mais pour s'être manifesté aussi soudainement, le torrent n'en est pas pour autant une création immanente et spontanée de l'esprit. Sa nécessité, sa «fatalité» s'imposait déjà, dans son origine, dans sa «source» même, depuis un temps immémorial: «le torrent prit soudain l'importance *qu'il aurait toujours dû avoir* dans mon existence. Ou plutôt je devins conscient de son emprise sur moi. Je me débattais contre sa domination» (p. 30 / 23). Et François ajoutera plus tard: «après une enfance suppliciée par la stricte défense de la connaissance intime, profonde, tout à coup, j'ai été en face du gouffre intérieur de l'homme. Je m'y suis abîmé» (p. 55 / 40).

On notera cependant ici que, tout en utilisant ce symbolisme de la «profondeur», l'auteur rejoint paradoxalement celui d'une ouverture au monde extérieur, de sa saisie «existentielle», se situant ainsi bien au-delà du mythe de l'intériorité. Ce qui n'est pas sans évoquer pour nous la pensée existentialiste de l'époque (1945) et dont *La Nausée* (1938) de Jean-Paul Sartre sera une des formes les plus éloquentes.

Il nous semblerait intéressant de comparer à l'occasion certains extraits de *La Nausée* avec le texte du *Torrent*. La filiation des idées de l'un à l'autre paraîtra alors évidente. A preuve cette description donnée par François de son «mal»:

> J'entendais en moi le torrent *exister,* notre maison aussi et tout le domaine. Je ne possédais pas le monde, mais ceci se trouvait changé: une partie du monde me possédait. Le domaine d'eau, de montagnes et d'antres bas venait de poser sur moi sa touche souveraine. (p. 29 / 22)

Dans *La Nausée* aussi, le «mal» viendra de cette matière des choses soudainement libérées de leur gangue:

> La chose, qui attendait, s'est alertée, elle a fondu sur moi, elle se coule en moi, j'en suis plein — Ce n'est rien: la Chose, c'est moi. L'existence, libérée, dégagée, reflue sur moi. J'existe *(La Nausée,* p. 141).

Puis, cette impression nouvelle d'«existence» ira de plus en plus en s'accentuant après la mort de Claudine:

> L'angoisse seule me distingue des *signes morts.* Il n'y a de vivant que le paysage autour de moi. Il ne s'agit pas de la contemplation aimante ou

esthétique. Non, *c'est plus profond, plus engagé;* je suis identifié au paysage. Livré à la nature. Je me sens devenir un arbre ou une motte de terre. La seule chose qui me sépare de l'arbre ou de la motte, c'est l'angoisse. Je suis poreux sous l'angoisse comme la terre sous la pluie *(Le Torrent,* p. 37 / 27-28).

Roquentin vit la même expérience dans le tramway de Saint-Elémir. L'exorcisme du moment consiste à se dire que cette chose sur laquelle il est assis est toujours malgré tout une banquette de tramway; mais le mot restera sur ses lèvres et refusera d'aller se poser sur la chose:

> Les choses se sont délivrées de leurs noms. Elles sont là, grotesques, têtues, géantes [...] Je suis au milieu des Choses, les innommables. *Seul, sans mots, sans défenses,* elles m'environnent, sous moi, derrière moi, au-dessus de moi (p. 177).

Comme Antoine Roquentin, François Perreault fait la découverte de la «gratuité parfaite» du monde, de son «existence». «Exister, c'est «être-là», simplement; les existants apparaissent, se laissent rencontrer», mais on ne peut jamais les «déduire».[12] C'est l'effort même de Claudine à vouloir à tout prix s'inventer un «être nécessaire» et «cause de soi»,[13] à tendre vers cette image divine (*cf.* Ange saint Michel, «semblable à Dieu») avec la dernière des déterminations, jusqu'à vouloir en égaler la parfaite abstraction, qui provoque, dans son excès, la résurgence des forces obscures du monde.

Aussi, en se rendant compte de cette «gratuité du monde», Antoine et François vivent-ils une expérience

---

12 J.P. Sartre, *La Nausée,* Coll. le Livre de Poche, Gallimard, p. 185.

13 *Idem.*

similaire de Nausée:

> J'étais la racine de marronnier. Ou plutôt j'étais
> tout entier conscience de son existence. Encore
> détaché d'elle — puisque j'en avais conscience — et
> pourtant perdu en elle rien d'autre qu'elle. Une
> conscience mal à l'aise et qui pourtant se laissait
> aller de tout son poids, en porte à faux, sur ce
> morceau de bois inerte *(La Nausée,* p. 186).

Dans *Le Torrent,* l'expérience prend aussi cette
allure d'un échange nécessaire qui n'a plus rien
d'«économique»:

> Je descendais alors au bord des chutes. Je n'étais
> pas libre de n'y pas descendre. J'allais vers le
> mouvement de l'eau, je lui apportais son chant,
> comme si j'en étais devenu l'unique dépositaire.
> En échange, l'eau me montrait ses tournoiements,
> son écume, tels des compléments nécessaires aux
> coups heurtant mon front. Non une seule grande
> cadence entraînant toute la masse d'eau, mais le
> spectacle de plusieurs luttes exaspérées, de plusieurs
> courants et remous intérieurs se combattant
> férocement *(Le Torrent,* p. 32 / 24-25).

Il importe ici d'insister sur un point essentiel à toute
cette symbolique réflexive de l'image contemplée. En
plaçant François devant le *spectacle* inéluctable de son
aliénation à l'«existence», la «contemplation» de l'image
demeure presque toujours consciente d'elle-même. Se
fondre à l'«image», ne constitue pas la solution proposée.
Pour être toujours possible, ce «suicide», cette démission
à soi-même n'a jamais été sérieusement envisagée: «je
m'imaginais la crique au-dessous, sombre, opaque,
frangée d'écume. *Fausse paix,* profondeur noire. Réserve
d'effroi» (p. 33 / 25). Tout comme dans *Kamouraska,* où
George Nelson doit combattre la «fascination insidieuse

de la neige. Ne pas se laisser désarmer. Conserver vivaces, tout amour et toute haine [...] La neige étale [...] Toute joie ou peine annulées [...] La main [...] envahie par l'inutilité de tout geste à faire [...] *Paix incommensurable perfide» (Kamouraska,* p. 98). Surtout, ne jamais céder complètement, ne jamais «s'abandonner aux forces obscures de ce monde».[14]

Le «présent» du narrateur

Dans les récits d'Anne Hébert, tout est déjà joué au moment où le lecteur entreprend la lecture de la première page. La conscience du protagoniste y est toujours devancée par la rapidité fulgurante de l'«existence» à s'accomplir selon la logique d'un ordre moral qui s'ignore encore. Inscrite à même les pulsions les plus secrètes de l'être, cette «fatalité» devra cependant s'articuler à l'intérieur d'une «écriture» pour être assumée. Le trop-plein du songe devant se vivre dans l'«œuvre»,[15] la contemplation du «visage formé et monstrueux» (p. 33 / 25) se réaliser à travers les circonvolutions mêmes empruntées par le langage pour la fuir.

La lecture mettra du temps avant de rattraper ce «lieu» et ce «temps» à partir desquels se profère le discours du narrateur (François), soit le centre matériel du texte où rugit le torrent, point de fuite de l'ellipse: «il y a là un manque que je me harcèle à éclaircir depuis ce temps [la mort de sa mère]. Et lorsque je sens l'approche possible de l'horrible lumière dans ma mémoire, je me débats et je m'accroche désespérément à l'obscurité, si troublée et menacée qu'elle soit» (p. 35 / 26). Entre ce moment où la

---

14 Anne Hébert, *La mort de Stella,* p. 219 / 154.

15 Entendre le mot au sens d'un «ensemble d'actions et d'opérations effectué par quelqu'un», et non comme l'aboutissement ou le résultat d'un travail à caractère littéraire.

«bête était déchaînée» (p. 34 / 26) et cet autre où elle «a
été délivrée» (p. 36 / 27), il ne subsistera que le souvenir
d'une émotion violente: «l'épouvante me saisit» (p.
35 / 26). Depuis lors, comme Michel dans *Les Chambres
de bois,* François «possède un éternel loisir pour son
tourment» *(Les Chambres de bois,* p. 48).

Par ailleurs, les repères temporels du récit nous
indiqueront au passage qu'un intervalle de quinze ou vingt
ans — l'imprécision vient du narrateur lui-même — sépare
François des événements déjà racontés au parfait et à
l'imparfait dans la première partie du texte, et qu'il lui
reste encore à combler cet intervalle par le récit au présent
de plusieurs autres événements survenus depuis la mort de
sa mère. Le présent du narrateur situe donc ses
coordonnées entre ces deux séries d'événements. Pourquoi? Quelle est la nature de ce présent?

Il est enfermé tout entier dans une quête qui est celle-
là même du récit. Prisonnier du «cercle inhumain» de ses
«pensées incessantes» (p. 35 / 126), le narrateur doit
reprendre une fois de plus l'«analyse des bribes»
(p. 38 / 29) pour y découvrir les «preuves matérielles» de
son crime, sa responsabilité dans la mort de sa mère,
malgré le fait qu'il en ait été exonéré par le verdict de
«mort accidentelle» (p. 61 / 43) du coroner dans cette
affaire. A noter que l'intervention policière est toujours
marginale et même superflue dans ces univers exigeants où
règne la plus parfaite moralité, poussée à ses limites
extrêmes par les personnages impliqués dans le drame.

Ici l'avenir est impossible puisqu'un événement,
dont la nature est inconnue, («une certaine lourdeur à ma
mémoire morte où sont apposés les scellés», p. 61 / 43)
contamine chacun des instants qui passent: «c'est aussi
présent à mon regard que le soleil de mars [...] Cette image
dense me pourrit le soleil sur les mains. La touche limpide
de la lumière est gâtée à jamais pour moi» (p. 38 / 28).

Mais cette fois, à la faveur du récit, les circonstances semblent vouloir se prêter à une investigation plus prometteuse: «je n'ai pas ressenti autant de calme, depuis je ne sais plus quand... Cela m'inquiète» (p. 39 / 29).

Nous sommes en mars. Le torrent est silencieux, de ce silence lourd «qui précède la crue du printemps» (p. 38 / 28). Et le narrateur ajoutera plus loin: «de quelle ampleur sera donc renforcé le prochain tumulte intérieur?» (p. 39 / 29). Une correspondance analogique est clairement établie entre cette saison particulière (le printemps) et l'état latent de crise que vit le narrateur. Comme dans *Le printemps de Catherine* (1946) où le personnage évoquera, avec l'ironie qui caractérise si bien Julie-de-la-Trinité, cet «ordre nouveau» qu'impose la guerre au monde: «la délivrance est assurée et nous allons goûter à ce temps qu'il fait, à ce printemps qui pousse si dru sur le monde» (p. 131 / 95).

Le présent du narrateur sera donc déterminé par les limites spatio-temporelles de ce printemps symbolique. Tout au long du récit François se déplacera entre d'une part le torrent, d'où il semble avoir surgi comme pour une naissance ou une résurrection — «j'ouvre les yeux sur un matin lumineux [...] De quel gouffre suis-je le naufragé?» (p. 35 / 27) —, et d'autre part, la maison de sa mère — «Je rentre. L'effroi seul différencie mes pas boueux de la boue du sentier menant à la maison» (p. 38 / 28).

Il insistera surtout sur sa difficulté à résister aux «images fantastiques» (p. 65 / 46) que lui renvoie l'eau du torrent. Combien passera-t-il d'heures ou de jours à cette contemplation d'images? Sa narration est jalonnée par des interrogations explicites à ce sujet visant à rappeler continuellement au lecteur le caractère rétrospectif des événements évoqués.

Mais, hormis ces indices différentiels des niveaux

de récit, la narration de François possède un système auto-référentiel qui marque les étapes de son évolution à travers la remémoration. Par exemple, cette phrase — «de quelle ampleur sera donc renforcé *le prochain tumulte intérieur*» (p. 39 / 29) — sera reprise à l'occasion, quelque peu modifiée, pour ponctuer le débit de plus en plus rapide du langage de la conscience à l'approche de la révélation finale: «le consentement à mon destin ne dépend pas de ma volonté. *La prochaine crise l'emportera*» (p. 57 / 41). Ou encore cette autre: «je ne perçois pas de stabilisation. *Bientôt, je ne serai plus qu'une torche*» (p. 62 / 44). On notera également que la référence initiale à la crue du printemps recevra son écho, vers la fin du récit, dans la phrase suivante: «Les sources du rocher coulent *renforcées par les pluies récentes*. Je marche dans l'eau» (p. 57 / 41).

Finalement la narration rejoindra son terme en empêchant désormais toute fuite possible pour François dans un avenir qui ne serait pas porteur du passé. Le voilà donc revenu au centre du remous, «cercle inhumain [...] matière de [sa] vie éternelle» (p. 35 / 26). Bien que cette fois-ci, la lucidité l'amène à concevoir sa liberté — «qui donc a dit que je n'étais pas libre? Je suis faible mais je marche» (p. 64 / 45) —, malgré les contingences de sa nouvelle condition (et peut-être surtout à cause de ces contingences); soit cette alliance nouvelle et éternelle avec sa mère dans le torrent.

Aussi, ce présent,[16] borné par le passé de l'aliénation première à la mère (le pays de l'«enfance

---

16 A noter que la première intervention au présent faite par le narrateur dans le récit se situe à la fin de la première partie et non pas au début de la deuxième. On signale ainsi au lecteur qu'il existe un lien organique entre les deux parties du texte puisque ces deux séries d'événements appartiennent en fait à l'expérience du narrateur, les deux étant seulement différenciées par leur «portée» respective (le passé lointain / le passé proche) par rapport au présent du narrateur, point de focalisation central du récit.

arrachée») et par l'avenir d'un récit qui tend vainement à l'affranchissement d'une faute, est-il sans consistance véritable à cause de l'obstination même de François à vouloir continuellement le réinventer pour pouvoir enfin l'imposer: «Qu'est-ce que le présent? [...] Je crois au présent. Je refais mon malheur. Je le complète. Je l'éclaire. Je le reprends là où je l'avais laissé» (p. 38 / 29). Seule la notion d'intemporalité mythique peut définir sa nature. Soit celle du temps que mettra François pour comprendre que sa chute abyssale dans le torrent, hors du temps et de l'espace, aura consacré à jamais un enfermement qu'il partageait déjà avec sa mère depuis le commencement immémorial des temps. Mais la démonstration de notre étude n'en est pas encore rendu à ces conclusions. Nous y arriverons par étapes successives.

La quête

Les événements de la deuxième partie vont donc s'inscrire plus spécifiquement dans le contexte du projet narratif de François. Projet ambigu, puisqu'il s'appuie sur un sentiment d'expectative, propre d'ailleurs à tous les personnages principaux de l'œuvre d'Anne Hébert, et qu'on donne toujours comme la raison première de leur quête.

Ainsi, François hésitera entre deux attitudes contraires à adopter. A quoi bon chercher, dira-t-il; pour ajouter aussitôt: «A quoi bon mentir? La vérité pèse de tout son poids en moi» (p. 39 / 29). D'une part, il admire son détachement face à lui-même — «mon investigation est lucide et méthodique» (p. 38 / 29) — d'autre part, il se sait dupe de lui-même. Cette contradiction révèle une forme de lucidité tronquée en quelque sorte qui lui évite d'être confronté à «l'horrible lumière» (p. 35 / 26).

Mais malgré leurs réticences, les personnages sont toujours amenés tôt ou tard à pénétrer dans le labyrinthe:

«quel fil d'Ariane me mène au long des dédales sourds?»
(Le Tombeau des Rois, p. 59). Qu'on pense à Catherine,
par exemple, fascinée en même temps que Michel par les
arabesques du tapis: «comme un brodeur fatigué qui
s'applique à retrouver le dessin obscur d'une fleur rare,
Catherine [...] cherchait avec lui dans cette forêt
enchevêtrée de lignes et de couleurs, comme s'il lui eût été
possible de saisir, à force d'attention, les traits mêmes de
la peine de Michel, égarée parmi les motifs du tapis» *(Les
Chambres de bois* p. 79).

Que ce soit par la tapisserie, dans *Kamouraska,* par
l'«épuisante curiosité» des contemplatives devant le visage
de sœur Julie, dans *Les Enfants du Sabbat,* ou par le plan
du métro — ces lignes de la main où s'agite de façon
incoercible l'«hydre sauvage» de la destinée —, dans
Héloïse, il s'agit toujours de parcourir cet «espace» qui
ramène indéfectiblement à soi-même, à sa propre
«fatalité».

François, quant à lui, s'engage à suivre le
mouvement de vrille du remous. Cette «investigation»
(p. 38 / 29) qui commence n'est pas sans rappeler celle
d'Elisabeth Rolland qui utilisait aussi la métaphore
policière: l'interrogatoire, l'alibi, le juge, la fuite, le
sauf-conduit, etc. «Je bifurque pour échapper à la
réalité», dira François. «Je possède la vérité et je la
reconnais à ceci qu'aucun de mes gestes n'est pur» (p.
39 / 29). «Inutile de se leurrer», dira Elisabeth. «Un jour il
y aura coïncidence entre la réalité et son double
imaginaire» *(Kamouraska,* p. 23).

On constate par ailleurs que l'investigation
d'Amica dans la maison de François offrira plus tard la
contrepartie de celle entreprise par le narrateur au cours de
la remémoration. Pour la compléter, [17] certes, mais tout en
levant, comme on le fit pour Œdipe-roi, le dernier obstacle

— le dernier alibi — qui séparait encore François, et de l'éblouissement et de l'aveuglement final.

La comparaison avec Œdipe-roi est d'autant plus intéressante — l'un étant un matricide, l'autre un parricide — que le narrateur s'explique difficilement sa fascination devant le «regard perçant» (p. 45 / 33) d'Amica. Comme si la complicité qui s'était établie spontanément entre eux — «ce qui m'a attiré [...] en elle c'est justement ce je ne sais quoi de sournois et de mauvais dans l'œil» (p. 45 / 33) [18] — était précisément ce qui allait lui permettre de mener à bien son «investigation»: «j'irai jusqu'au bout, jusqu'à la plénitude de ce mal qui m'appartient en propre, à présent, *et que j'ignorais encore ce matin*» (p. 45 / 33). [19]

Mais tout comme Œdipe aussi, il refuse la vérité qui le cerne de toute part. Toute cette histoire de meurtre a eu lieu autrefois et les témoins sont rares, s'il y en a jamais eu, ou s'il en reste... Aussi, peut-on toujours affecter l'indifférence «vis-à-vis» d'une histoire qui concerne un «autre» homme que soi: «je vois un inconnu qui mange en face d'une femme inconnue [...] Non, je n'ai pas habité ce lieu, ni cet homme [...] J'observe le couple étranger en sa nuit de noces. Je suis l'invité des noces» (p. 47-48 / 34-35).

---

17 «Pour Amica, rien d'interdit; elle ira partout, au plus épais d'une épouvante mal jointe» (p. 61 / 43). Puis, satisfaite de son enquête, elle serait partie?

18 Dans cet univers symbolique, les premiers regards échangés sont toujours déterminants: les personnages ne se rencontrent que pour se reconnaître. Qu'on pense à «cet étonnant regard en amande» de Michel et de Lia porté sur Catherine, à ce «feu terrible» des yeux noirs de George sur Elisabeth, à la fascination hébétée des Contemplatives devant les «yeux de hibou» de sœur Julie, ou à ceux «en amande» d'Héloïse fixés sur Bernard. Il s'agit là de l'expression du même visage ironique, et par là cruel, du «mal» dont on se fait secrètement le complice.

19 *Cf.* «ce matin lumineux» d'après la chute dans le torrent (p. 35 / 27).

Et cette ambiguïté narrative subsistera tout au long du récit: «Amica n'est pas là [...] Cela ne m'inquiète *pas encore* (je pense si lentement) de ne pas la voir rentrée» (p. 57 / 41)

Amica

Mais qui est Amica? Quelle est sa fonction en tant qu'intervenante extérieure au «domaine»? D'abord, sa présence dans le récit participe à la fois du passé et du présent du narrateur. De toute évidence, les événements qui nous seront rapportés ont déjà été vécus par François, et ils cherchent à s'imposer à nouveau à sa conscience.

La forme d'un récit au présent cherche à rendre compte du pouvoir de suggestion de ces images, jusqu'à en composer la presque totalité du vécu immédiat du narrateur. Par contre, tout en subissant ces assauts du «génie malfaisant des sons et des images» *(Kamouraska,* p. 40) au milieu d'insomnies, de fièvres et de rêves, François tente de conserver le contrôle sur ses «visions».

Certes, ce dédoublement lui permet d'assister à la «représentation» de ses souvenirs, mais sans qu'il lui soit cependant possible de s'exempter d'y participer à l'occasion. «Voir cette femme Amica *tenir son rôle* dans ma propre destruction. Aller la chercher, c'est lui donner ce droit» (p. 39 / 29). «Le désir de la femme m'a rejoint dans le désert», dira-t-il. «Je suis parti à sa rencontre» (p. 39 / 29).

Et l'«histoire» recommence. Cette suite d'événements passés convoqués par la mémoire déroulera en filigrane l'histoire d'un mythe déjà vécu par la mère au cours de la première partie du récit.

Le projet de François est assez bien défini. Il s'agit pour lui d'effacer, de «racheter» le souvenir de sa première rencontre avec l'«homme horrible» par la substitution d'une autre «image» plus rassurante, et dont il aurait cette fois le plein contrôle. Il lui faut donc reprendre le «trajet de son enfance» (p. 39 / 29) et sortir à nouveau du «domaine». «Après tant d'années [...] je remonte à la surface de ma solitude. J'émerge du fond d'un étang opaque. Je guette l'appât. Aujourd'hui[20] je sais que c'est un piège. Mais moi aussi, je le briserai et j'aurai goûté à la chair fraîche en pâture» (p. 39-40 / 29).

Comme dans tous les romans d'Anne Hébert, la «vraie vie» est toujours ailleurs, dans ce pays de l'enfance qu'il faut «à tout prix» reconquérir. Placés dans le présent du récit, les personnages s'entêtent à vouloir refaire leur vie passée à partir d'absolus, tels que «Liberté», «Pureté», «Amour». On verra par exemple Elisabeth Rolland proclamer son innocence pendant la première partie de son rêve, pour ensuite devoir se compromettre de plus en plus dans le meurtre de son mari.

Dans *Le Torrent,* François n'agira pas autrement. Je ne serai jamais un homme libre, dira-t-il. «J'ai voulu m'affranchir trop tard» (p. 36 / 27). Et il ajoutera plus loin: «Non! Non, je ne suis responsable de rien! Je ne suis pas libre. Puisque je vous répète que je ne suis pas libre! Que je n'ai jamais été libre» (p. 56 / 40). Pourtant la fin du récit ne peut que démentir ces allégations, puisque le narrateur y affirmera la responsabilité de sa propre vie: «Qui donc a dit que je n'étais pas libre? Je suis faible, mais

---

20 Cet «aujourd'hui» est doublement signifiant dans son ambiguïté même. Il nous réfère à la fois à la nouvelle situation vécue par le personnage François après la mort de sa mère, et à celle, vécue dans l'immédiat du récit par le narrateur François. Tel que dit précédemment, la conscience des personnages d'Anne Hébert retarde toujours sur l'«existence». Devancé par les événements pourtant «concluants» (*in abstracto*) du passé de l'histoire, le narrateur doit pourtant se les donner à revivre dans le langage avant qu'ils puissent s'imposer définitivement dans toute l'ampleur de leur signification. A noter que l'auteur utilisera souvent cette structure symbolique dans ses romans ultérieurs.

je marche [...] Ah! je n'aurais jamais cru à une telle lucidité!» (p. 64 / 45).

Par ailleurs, pour bien comprendre les enjeux impliqués dans cette quête, on se rappellera l'impression d'horreur ressentie par François devant l'«homme»[21] du fossé. Qu'y aurait-il là, plus précisément, à «racheter» pour le narrateur, sinon l'image contemplée d'un «mal» sans mesure pour l'enfant d'alors. L'émotion fut telle, que seule l'idée de la «justice de Dieu» (p. 16 / 14) sembla pouvoir offrir la contrepartie de cette «contemplation»: «je pensais à la justice de Dieu qui, pour moi, ferait suite à la terreur et au dégoût que m'inspirait cet homme» (p. 16 / 14). Puis, voilà que l'intervention de la mère, apparemment consécutive à cette invocation intérieure, survient juste à temps pour empêcher l'homme de raconter ses «histoires»[22]: «ma mère m'apparut pour la première fois dans son ensemble. Grande, forte, nette, plus puissante que je ne l'avais jamais cru» (p. 16-17 / 14).

Comme on le voit, cet «homme» constitue aux yeux de Claudine le seul défi de taille qui puisse donner sa justification à toute son existence. Jusqu'à ce jour elle n'avait jamais eu à exercer le pouvoir extraordinaire que

---

21 Cette appellation est vague à souhait. Elle sert à désigner une entité rationnelle — le mal incarné dans l'homme: «ecce homo» — plus qu'un individu spécifique. Ce principe s'appliquera à tous les intervenants extérieurs au domaine. Aussi, Perceval est-il avant tout «la bête» qui «a pris son galop effroyable dans le monde» (p. 36 / 27) et Amica, la dénomination symbolique de l'espoir de rachat. Nous y reviendrons plus loin. Voir aussi l'annexe VI, pour la filiation de certains personnages des autres romans avec l'«homme du fossé».

22 Cette situation équivoque laisse néanmoins clairement sous-entendre ici la nature des histoires en question. Elles ne peuvent être qu'en rapport avec l'état de dépravation de cet homme, et ne viseraient qu'à perpétuer la «faute» au niveau du langage. Soit lui apprendre son identité réelle de «fils du mal», cette condition même qu'il vivra après la mort de sa mère (*cf.* son rapport intime avec la terre, p. 37 / 28), et qui lui sera révélée à la fin du récit.

lui prêtera son fils au cours de cette «apparition»: «ma mère, *immense,* à la lisière du bois, la trique toute frémissante à la main, l'homme étendu à ses pieds» (p. 17 / 15).

L'insistance du texte sur la démesure de sa puissance n'est certes pas étrangère à la vision qu'aurait pu en avoir un enfant. Cependant la lecture se devra d'épouser cette représentation symbolique de la mère par l'enfant, si l'on veut permettre à l'écriture de se dire toute.

Dès lors, on comprendra que c'est ici que se sont échangés les premiers coups entre l'Ange et la Bête. Mais le combat ne fait que s'engager. Plus tard, une autre position, renversante celle-là, viendra prendre le «contrepied» de cette image d'Epinal: «Oh! je vois ma mère renversée [...] Je mesure son envergure terrassée. Elle était *immense,* marquée de sang et d'empreintes incrustées» (p. 36 / 27).

Ainsi, la «justice de Dieu», appelée par François, se serait donc accomplie par l'absurde... La protection de Dieu, pour lui avoir d'abord été acquise par l'intervention de sa mère, n'aura servi par la suite qu'à lui révéler l'«autre versant du monde». Soit la réincarnation du mal à travers celle-là même qui s'en faisait la plus farouche adversaire: «son visage était tout défait, presque hideux. Je me dis que c'est probablement ainsi que la haine et la mort me défiguraient un jour» (p. 28/22). Dieu donnant d'une main, pour reprendre de l'autre: «j'entendis tinter le trousseau de clefs [...] J'entrevis son éclat métallique comme celui d'un éclair s'abattant sur moi» (p. 28 / 22). C'est tout le récit de la Genèse qui se profile ici avec tous les accessoires symboliques du mythe: la faute, l'éclair, l'Ange, les clefs... Nous y reviendrons.

Aussi, le personnage d'Amica ne peut-il prendre son sens que par rapport à cette impression indélébile de la conscience devant l'«homme horrible», que François lui demande d'effacer par superposition. C'est à la rencontre de cette nouvelle «image» que François partira.

Le voilà devant deux personnages encore «sans forme» (p. 40 / 30) qui émergeront peu à peu de l'obscurité. Ce sont des «dolmens» (p. 40 / 30) qui se mettent soudain à bouger aux cris de l'«homme sauvage» (p. 44 / 32): «il y a du *remous* sous les mantes» (p. 40 / 30). Puis les «ombres» (p. 40 / 30) se séparent. François peut maintenant observer «l'accoutrement bizarre et faussement solennel qui ridiculise» (p. 41 / 30) l'homme s'avançant vers lui. On connaît la suite.

L'écriture connote ici la métaphore de l'émergence «ex nihilo», mentionnée au début de la quête: «je remonte à la surface de ma solitude. J'émerge du fond d'un étang opaque» (p. 39-40 / 29). Comme une genèse à mimer ou une renaissance à simuler. Mais l'entreprise est déjà vouée à l'échec par ce qu'elle laisse déjà entrevoir ici et là de factice.

Comme on le sait depuis la mort de Claudine, le narrateur ne se fait plus aucune illusion sur la «magie» du langage, et il ne manquera pas d'en dénoncer les manifestations dans l'accoutrement «faussement solennel» du colporteur. Ailleurs, ce sera l'impuissance même du «collier de verroterie» (p. 41 / 31) à se donner pour autre chose que lui-même dans sa «vulgarité naïve» qui le lui fera préférer aux autres objets qu'on lui offre. Cette émotion complexe appartient certainement plus à la nature de l'homme civilisé qu'à celle de «l'homme sauvage», dont il simule pourtant le comportement à l'intention d'Amica et du colporteur.

Par ailleurs, cette rencontre lui donne enfin l'occasion, dira-t-il, de «mesurer» sa force en chassant les intrus. La relation se situe donc dès le départ au niveau d'un rapport de forces. Il lui faut prendre l'avantage de l'offensive pour éviter le «piège». Cette logique a ses lois et François n'y échappera pas. En utilisant à son insu les principes mêmes de sa mère, il est revenu au point de départ.

Avant même d'avoir rencontré Amica, François lui a déjà dévolu son rôle de «miroir». Si le colporteur lui donne la «mesure» rassurante de sa force physique, Amica devra lui donner celle de sa force morale. Comme dans le cas de l'intervention d'Héloïse dans le monde des vivants, la venue d'Amica dans l'espace du «domaine» ne peut se produire que par la force du désir qui l'appelle. «Vos désirs sont des ordres» (p. 47), dira Bottereau à Bernard et Christine, dans *Héloïse*.

Ainsi, toutes ces «sorcières» ou ces «vampires» — Amica, Lia, Michel, George Nelson, Julie-de-la-Trinité, Héloïse — seraient les manifestations différenciées de l'absolu du désir. Comme François Perreault, Bernard, dans *Héloïse*, n'arrive plus à se suffire à lui-même. Tout l'appartement lui renvoie l'écho d'une «absence», d'un manque important à combler, et cette «lente érosion de tout son être», cette «occupation profonde», cette sorte d'«extase», le conduit bientôt devant le «visage aux pommettes dures, aux yeux en amande» (p. 63) de Héloïse: «sa maigreur souveraine» (p. 63).

Mais comme Bernard, François ignore encore, au début du récit, l'identité de cette «femme». Comment pourrait-il en être autrement puisque l'aveugle qu'il est (*cf.* Œdipe-roi) n'en a pas encore reçu l'éblouissement de «ses larges yeux aux clartés éternelles» *(Héloïse,* p. 107).

Le chassé-croisé

Nous assisterons donc ici à la répétition de la «faute» de Claudine, à sa perpétuation par François. C'est tout le «hors-texte» du début qui nous sera alors révélé dans ce texte de mise en abyme, comme une «re-présentation» de la Genèse.

D'abord, le nouvel Adam désirera partager sa solitude avec la femme: «le désir de la femme m'a rejoint dans le désert» (p. 39 / 29). Mais ce partage a aussi son prix: celui de la connaissance de soi à travers l'autre qui nous donne notre véritable mesure.

Pour l'instant, cette mesure relève, dans l'esprit de François, d'un ordre purement «économique» — celui du bilan comptable —, et le prix de cet échange se «chiffrera» à la moitié[23] de la somme amassée autrefois par Claudine pour assurer son propre rachat: «je lui [le colporteur] ai jeté des poignées d'argent. (Je ne comprends pas que j'aie tout cet argent dans les poches)» (p. 43 / 32).

L'impitoyable ironie du sort aura donc déjà décidé de l'issue fatale que prendra cette seconde confrontation. On comprend dès lors qu'il s'est opéré dans le récit un chassé-croisé entre le «pari» de l'économie de Claudine et le «pari» de la dépense de François. D'une part, la mère amasse la somme d'argent nécessaire à son rachat qui devra s'accomplir le jour même de l'entrée au Séminaire de François. Mais le «sacrifice expiatoire» n'aura jamais lieu, comme on le sait, puisqu'elle meurt avant d'avoir pu l'accomplir. D'autre part, le fils utilisera cet argent à son tour pour les mêmes fins, mais sans en connaître

---

23 A la fin du récit, le narrateur se rappellera être venu chercher cette somme dans le secrétaire de Claudine. Il insistera aussi sur la précision de sa mémoire: «un détail, pourtant, reste précis dans ma mémoire. Après avoir empli mes poches, je suis sûr d'avoir replacé *l'enveloppe à moitié pleine* dans le grand livre de comptes de ma mère, là d'où je l'avais retirée» (p. 63 / 45). Le geste de diviser la somme en deux parties égales ne semble pas prémédité. Et pourtant, il appartient à la série des «hasards» du récit — la rencontre de l'homme», l'arrivée de Perceval, l'apparition du chat, la rencontre d'Amica —, à ces ratés du langage, ou encore à ces actes manqués, dirait-on, dont il ignore pour l'instant le sens.

immédiatement la véritable valeur d'échange. C'est seulement plus tard, après l'avoir dépensé «aveuglement» — au contraire des efforts inouïs d'économie déployés par sa mère —, qu'il devra en payer le prix: «En savais-je le prix? Le prix de ma guenille en tourments» (p. 62 / 44).

Dès lors, cette constatation amènera le lecteur à considérer l'aboutissement de l'histoire, dans la deuxième partie, non plus comme une situation terminale, mais bien comme une situation initiale dans un récit inversé (*cf.* le jeu d'un miroir), vu la nature de ses implications au plan symbolique. On découvre alors rétrospectivement le caractère mythique de cet imparfait du début, qui situait d'emblée le récit, à notre insu, au niveau du mythe; alors que la deuxième partie, racontée au présent, ne faisait qu'en rejouer le «drame». Ce que laissait déjà sous-entendre cette phrase du narrateur au début du récit: «Oh! je ne comprenais rien, bien entendu, au drame de cette femme» (p. 13 / 12). Même si, au moment où il prononçait cette phrase, le narrateur n'en avait pas encore compris toute la portée, elle n'en constitue pas moins un indice important pour le lecteur: la gravité du drame de Claudine ne doit pas être pris à la légère.

Rétrospectivement, on comprend également que l'espoir d'un rachat par l'«autre», «escompté» ici par le narrateur, est irrémédiablement voué à l'échec. «Je l'appelle Amica [...] j'*ai acquis* le droit de la désigner [...] Je lui ferai part du torrent. Je l'initierai aux yeux de ma solitude. Elle verra que je suis le plus à craindre des deux et frissonnera» (p. 44-45 / 33).

La magie du nom «Amica» — l'amie, la compagne, la complice — n'aura pas plus d'effet que les ratures faites par Claudine sur son nom pour le remplacer par celui de François. La violence morale de l'«argent» a déjà contaminé ce geste symbolique de la dénomination, et l'espoir qu'il tente désespérément de faire signifier par ce «signe vide» ne peut que conduire le narrateur à l'extrême opposé: le désespoir. Mais comme nous le verrons plus loin, seule la dialectique du paradoxe pourra permettre plus tard à François de comprendre l'impasse de cette problématique aristotélicienne de l'espoir opposé au désespoir.

Ainsi, comme par compensation, le «mal-entendu» du désir se devra de retrouver peu à peu les échos de son profond retentissement dans le langage, qui révèlera tout à coup sa parfaite résonance: «ses beaux bras fermes me semblent malsains [...] Je résiste à leur enchantement. *(Quels reptiles frais* m'ont enlacé?)» (p. 46 / 34). La métaphore des serpents ne trompe plus: François est déjà trompé. Cette nouvelle Genèse, mimée depuis le début comme pour une fuite, l'enferme au contraire dans la conscience d'une «faute» devenue désormais irrémissible: «la bête [...] a pris son galop effroyable dans le monde. Malheur à qui s'est trouvé sur son passage» (p. 36 / 27).

Dès lors, le «visage fermé» (p. 44 / 32) d'Amica livrera son secret. Amica est le diable, dira-t-il, je convie le diable chez moi (p. 46 / 34). Et plus tard, devenu de plus en plus conscient de sa responsabilité, il ajoutera: «le diable est donc bien puissant! Et je suis son complice» (p. 60 / 43).

François se rend compte qu'il ne possède pas Amica, mais qu'il en est bel et bien possédé. Son «habileté dans les caresses» (p. 48 / 35) et le don qu'elle fait d'elle-même n'auront servi qu'à démontrer l'impuissance de François à se donner lui-même, «gratuitement», sans aucun calcul[24]: j'éprouve une telle sécheresse. Ni désir, ni

---

24 Contrairement à l'«initiation maternelle», où l'«autre» devait avant tout servir à l'«économie du Salut»: *profite* de ce que les autres *doivent* donner, mais *réserve*-toi» (p. 23 / 18).

volupté [...] Sécheresse de tout [...] Ah! ma mère, je ne
pouvais deviner toute l'ampleur de votre destruction en
moi!» (p. 49 / 35-36).

Devant ce «grand miroir aux images ineffaçables»
(p. 50 / 36), il n'est plus de fuite possible. Le fils sait
désormais que le regard de sa mère — «son fixe regard
d'éternité» (p. 51 / 37) — continue à se perpétuer au-delà
de la mort, comme une filiation interrompue de regards,
allant de Claudine au chat, jusqu'à Amica: «quelqu'un
m'a donc contemplé, sans interruption ni nuit? Quelqu'un
m'a donc connu, au moment même où moi je ne possédais
plus de regard sur moi?» (p. 51-52 / 37). Cette «bête
maléfique» pèse maintenant en lui du poids entier de sa
certitude» (p. 52 / 38), comme Amica «pèse sur son
sommeil, de tout son poids étrange» (p. 50 / 37): «Amica
a les mêmes yeux que ce chat (p. 52 / 37). La posséder est
d'autant plus impossible qu'elle se donne à voir dans toute
l'indécence, à la fois offerte et refusée, de son identité: «sa
démarche vive ou nonchalante [...] réseau de *plis glissants*
de ses mains et renaissant plus loin en *ondes* pressées. *Jeux*
des plis et des mains. *Nœud* de plis sur la poitrine en une
seule main. *Scintillement de soie* trop tendue sur les
épaules. *Equilibre rompu, recréé* ailleurs. *Glissement de
soie,* épaule nue, dévoilement des bras» (p. 53 / 38). [25]

La «faute»

Il importe de bien comprendre, avant de poursuivre, que tous ces regards n'ont pas pour but d'exprimer le
remords du narrateur face au meurtre de Claudine. Le

---

25 Cette chorégraphie rappelle celle d'Ysa dans *L'ange de
Dominique* (1944). «La petite a beau chercher dans sa mémoire, en aucun
temps, elle ne retrouve Ysa un, et seul. La forme humaine et précise du
danseur ne se dégage pas des dessins chorégraphiques. Des bondissements, des
entrechats, des dodelinements de tête, des bras au ciel, un agenouillement lent,
un vif redressement, et voilà les images qui hantent Dominique» (p. 93 / 66).

geste de François en fut un de «légitime défense», on le comprend très bien. Voilà pourquoi la conscience de la «faute» dont il s'agit ici ne saurait être conscience d'un délit. Car, avant même d'avoir été *commise* par le fils, la «faute» avait été *transmise* par la mère: «Une phrase hante mes nuits: «Tu es mon fils, tu me continues». Je suis lié à une damnée. J'ai participé à sa damnation, comme elle à la mienne» (p. 56 / 40). Comme George Nelson, François Perreault prend conscience de sa filiation au mal: «la faute originelle... Cherchez bien... Ce n'est pas un péché, docteur Nelson, c'est un grand chagrin» *(Kamouraska,* p. 128).

Quelle serait alors la nature exacte de cette «faute»? D'abord, on l'a vu, la quête de Salut entreprise par le narrateur vise avant tout à effacer de sa conscience l'impression ressentie devant l'«homme horrible». Evidemment, ce «face à face» n'a rien d'un hasard. Cette «contemplation» terrifiante découle nécessairement d'une «vision» préalable du monde transmise par la mère, bien que pour l'enfant elle ne fasse que confirmer à posteriori les prémisses d'un raisonnement devenu désormais irréfutable. Et, vers la fin de son récit, François dira: «si la grâce existe, je l'ai perdue. Je l'ai repoussée. Ou plutôt, *c'est plus profond que cela: quelqu'un d'avant moi* et dont je suis le prolongement a *refusé la grâce pour moi*» (p. 56 / 40).

Ainsi, la «faute» serait un fait de langage, quelque chose comme l'image d'un cercle vicieux, ou plus précisément, à l'image même de cette «petite bague pour le songe» *(Les Chambres de bois,* p. 190) ce maillon de la chaîne que Catherine remet à Michel à la fin du récit.

François découvre, en fait, qu'il n'a jamais eu de véritable «mesure» par lui-même, et que la seule mesure qu'il ait lui vient de sa mère. Soit cette référence aliénante

à une certaine forme d'appréhension du monde:
L'ÉCONOMIE DU SALUT PAR L'«AUTRE».

Comme ces personnages de *Huis-clos* (1944) de
Jean-Paul Sartre, nous sommes ici en «enfer». Avant de
s'être rendu compte du caractère désespéré de leur
situation, les trois personnages — la Trinité symbolique[26]
du mal, incarné par Inès, Estelle et Garcin — se seront
tour à tour exténués à tenter de fuir la réalité les uns à
travers les autres.[27]

Mais, de plus en plus conscients du «piège» que
chacun représente pour les autres, ils n'en continueront
pas moins à croire à un éventuel Salut:

> *Inès:* Je sais. Et vous, vous êtes un piège. Croyez-
> vous qu'ils n'ont pas prévu vos paroles? Et
> qu'il ne s'y cache pas des trappes que nous ne
> pouvons pas voir? Tout est piège. Mais
> qu'est-ce que cela me fait? *Moi aussi, je suis
> un piège.* Un piège pour elle. C'est peut-être
> moi qui l'attraperai. *(Huis-clos,* Le livre de
> poche, p. 53.)

Et la Trinité s'enlace, et se passe... Le Messie ne vient
pas...

L'«autre» est toujours ce miroir fidèle qu'on nous
prête pour s'y voir, non pour s'y fuir; ses yeux n'offrent
aucune échappée magique sur le monde. Si chacun cherche
d'abord à se soumettre le regard de l'«autre» pour lui faire

---

26 Nous avons démontré dans notre étude sur *Kamouraska*
l'importance capitale de ce triangle sacré et qu'on retrouve dans tous les récits
d'Anne Hébert.

27 L'application de cette logique infernale s'exprimera, entre autres
exemples dans *Le Torrent,* de la façon suivante: «Le rôle de la solitude est
renversé», dira François après avoir «acheté» Amica. «Elle pèse à présent sur
les épaules du colporteur. Je forme un couple avec ma compagne. L'homme
seul reprend le large. Et ce n'est pas moi» (p. 44 / 32).

signifier ce qu'il désire, en retour c'est toujours notre propre mystère, notre «redoutable identité» qui nous est révélée. Prisonniers les uns des autres, nous sommes tous fondés sur cette même communauté («ecclesia») de pensée. Responsables de nous-même et, par là, des autres à qui nous sommes inextricablement liés à tout instant. Voilà le seul fondement de toute morale: celui de la plus parfaite responsabilité, jusque dans l'absence des lois.

Ce qui explique pourquoi les personnages d'Anne Hébert sont toujours appelés à dépasser l'espace du légal, pour entrer sans aucune protection dans celui du moral. Cette «confrontation réelle avec soi» (p. 55 / 40) dans un «Jugement dernier» (ultime) n'est rien d'autre que cela: la rencontre des «autres» dans le Langage.

Ainsi, ironiquement, l'argent déboursé par François pour acheter «l'autre» se révèle être celui-là même qu'avait pu représenter autrefois sa propre «existence» aux yeux de Claudine, comme valeur d'échange pour assurer son Salut. Ce qui semble vouloir démontrer explicitement que la valeur d'échange de chacun n'a pas de chiffre «en soi». Nous ne sommes pas des Essences, mais bien des Existences fuyantes en continuelle interaction les unes avec les autres. Et il devient dès lors évident dans ces conditions que le «Chiffre» du Salut ne peut pas exister.

Cette dilapidation de l'«héritage»[28] de sa mère pour acheter Amica aura donc permis à François de constater l'«alchimie du meurtre» *(Kamouraska,* p. 240), c'est-à-dire l'inutilité du sacrifice rédempteur[29] — la mort de sa mère —, puisque celle-ci se réincarne «continuellement» dans le langage.

---

28 La «richesse» de Claudine est fausse, parce que fondée au départ sur une fraude. Ce «détournement des foudres du Seigneur» (*Un grand mariage,* p. 206 / 146) n'est rien d'autre qu'un détournement de fonds.

29 Annexe VII.

François en est donc maintenant réduit, paradoxalement, à devoir se libérer de cet acte — le meurtre — qui semblait lui avoir déjà assuré sa libération. Dilemme qui n'est pas sans évoquer le combat des Anges dans le torrent. Dans un premier temps, l'Ange se nourrira de la Bête par son désir effréné de perfection. Dans un deuxième temps, la Bête, après avoir été délivrée grâce à cet échange présumément «économique» cherchera à réintégrer le «royaume perdu». Cela, dans un combat sans fin au cœur du torrent, où le sacrificateur et la victime ne feront qu'intervertir leur position, plutôt que d'assumer leur condition.

Voilà précisément ce qui permet à la «faute originelle» de se perpétuer depuis le commencement des temps, à la Genèse de répéter son rabâchage millénaire dans l'espoir du Salut. Le «péché originel» n'a jamais eu lieu et place dans un Paradis. Il consiste en cet «ordre ancien» *(Héloïse,* p. 54) qui se «continue», se transmet, se perpétue à travers le langage de l'homme. Tout le «MAL» est là, dans les «signes vides», comme des sons creux où viennent s'abîmer tour à tour les générations sans fin des hommes, pour se protéger, tels Adam et Eve, de l'«ombre possible de la face nue de Dieu». Alors qu'on a que soi-même à craindre... En somme, c'est toute cette imagerie factice et sécurisante du mythe qui est dénoncée ici, toute cette magie du Référent.

Donc, le «mal» n'existerait pas en soi, comme une «faute originelle» marquant les hommes au front. Ce serait les êtres qui choisiraient de s'imposer mutuellement cette fatalité. «J'étais un enfant dépossédé du monde. Par le décret d'une volonté antérieure à la mienne [...]» (p. 9 / 9). Ce sont là les deux premières phrases d'un récit qui n'aura de cesse que le narrateur n'en ait compris toute la portée.

D'abord, le «mal» se fait chair dans le verbe, il s'incarne et «se continue» dans une autre existence. C'est ainsi que l'«impuissance» est transmise. Claudine est responsable de cette «mort du chemin» conduisant au «domaine». Je m'arrêtai court, dira François, *comme touché au front par une main.* [30] «J'avais envie de pleurer. La route s'étendait triste, lamentable, unie au soleil, sans âme, morte» (p. 15 / 13). Pour la mère, le rachat du «respect» équivaut à «se sauver» des autres, en s'en éloignant, elle et son fils. Ce comportement préfigure déjà celui du père de George Nelson chassant ses enfants au Canada, afin qu'ils rachètent en son nom la contamination grandissante de «l'esprit nouveau» *(Kamouraska,* p. 128) amenée par le Révolution américaine.

Puis, «après une enfance suppliciée par la stricte défense de la connaissance intime, profonde» (p. 55 / 40), voilà tout à coup que François est «en face du gouffre intérieur de l'homme» (p. 55 / 40) pour un «jugement dernier». Malgré qu'il comprenne maintenant le sens de la «grâce» — «tout homme porte en soi un *crime inconnu* qui suinte et qu'il expie» (p. 55 / 40) — soit que le mal est donné comme «héritage» et non pas comme hérédité, le «bénéfice» de la grâce lui sera à jamais refusé. Mes chaînes [...] ont eu le loisir de pousser des racines intérieures, disait-il déjà. «Elles m'ont défait par le dedans» (p. 36 / 27). «Quelqu'un d'avant moi et dont je suis le prolongement a refusé la grâce pour moi. Ma mère, comme je vous hais!» (p. 56 / 40). La foi en une possible «rédemption» ne peut venir que des hommes eux-mêmes. Il aurait d'abord fallu croire en quelqu'un pour qu'ensuite

---

30 Les limites du «domaine» ont été définies par l'impuissance même de François à les transgresser. Voilà pourquoi le «paradis perdu» semble à jamais inaccessible. Voir aussi cette autre phrase des *Chambres de bois:* «La jeune fille éprouva l'angoisse de Michel se posant sur elle *ainsi qu'une main pour la retenir.* Elle se garda d'en être heureuse» (p. 45).

se développe la «saveur possible de Dieu» (p. 56 / 40).[31]

La «*fouille*» d'Amica

Ainsi, François atteindra donc bientôt le fond du désespoir. L'investigation d'Amica en sera la cause directe. L'intérêt qu'elle portera soudainement aux «pauvres couverts» de Claudine permet de traduire en des termes nouveaux la métaphore filée de la «richesse» poursuivie depuis le début par l'instance littéraire. «C'est en argent?» (p. 54 / 39), demandera-t-elle à François. «Mais non, grosse dinde!» Mais pour la première fois François se rend compte qu'«on» cherche quelque chose. Amica pourrait être associée secrètement au colporteur ou encore à la police. Comme s'il était à nouveau l'objet d'un interrogatoire. «Il n'y a rien à apprendre» (p. 61 / 43). Le verdict de «mort accidentelle» expliquerait tout.[32]

Pour s'être défilé devant la vérité, le narrateur se voit maintenant confronté à l'incarnation de son propre mensonge: «Que Dieu me confesse et m'absorbe en ma vérité. Pas cette fille» (p. 60 / 43). Mais la «vitalité des

---

31 Pour bien comprendre ce qui rend la rédemption impossible aux yeux de François, voir *Le printemps de Catherine:* «Pour qu'un sacrifice porte et donne sa vertu, il faut que le germe de la vie ne soit pas détruit et puisse rejaillir au dehors de ses blessures salvatrices. Quelle rédemption attendre de l'horreur qui nous déforme, de toute la violence de son génie noué à même notre printemps? [...] La peur, la lâcheté, le désespoir, la haine fructifient en nous, d'une poussée brusque, totale, envahissante qui, en un instant, se dispense de tout le processus établi des lentes évolutions de nos vies habituelles» (p. 126 / 92). Voilà pourquoi, à la fin du récit, la grâce sera refusée à Catherine: «Dans cet œil bleu du soldat qui se fige pour toujours, un instant elle a vu luire je ne sais quelle enfance, *jardin d'où elle demeure à tout jamais chassée*» (p. 143 / 103).

32 L'attitude de François n'est pas sans rappeler ici celle d'Elisabeth Rolland, qui s'ennuie du «beau temps des interrogatoires», alors qu'elle est placée comme lui hors la loi, «privée de tout secours légal [...] Réduite à son état le plus lamentable. Etant le plus près possible qu'il lui soit permis de l'être (sans mourir tout à fait) de son propre néant» (*Kamouraska,* p. 213).

anciens rites» *(Le printemps de Catherine,* p. 129 / 94) est
à jamais perdue. L'impossibilité de la grâce rend toute
confession dérisoire. Comme Elisabeth Rolland, qu'on
voit enfermée dans sa «faute» à la fin de *Kamouraska,* —
alors qu'ironiquement le sacrement de confession semble
pouvoir effacer miraculeusement les dévergondages
d'Antoine Tassy, ou les mesquineries de Jérôme Rolland
—, François demeure lui-même impuissant à «conjurer
l'ordre nouveau qui s'avance» *(Le printemps de Catherine,* p. 127 / 92).

En entrant dans la chambre de sa mère, il est frappé
par la «pauvreté» des objets qu'il y trouve: «je m'arrête,
saisi par la présence que les plus pauvres objets, pêle-mêle,
accusent si fortement. Tout ce que ma mère a touché garde
sa forme et se lève contre moi» (p. 62 / 44). Comme si la
«richesse» du «grand livre» avait pu vider les objets de
toute leur substance.

Les «traces» d'Amica ne pouvaient que conduire
éventuellement le narrateur à la source du mal pour lui en
faire prendre conscience. Dès lors, cette «fouille»
systématique entreprise à l'intérieur de l'«archéologie du
savoir» lui révélera l'origine de la «faute», sans qu'il
puisse pourtant en toucher le Référent. Et c'est
précisément en cela, nous l'avons vu, que la découverte est
de taille: «voilà ce qu'a fait Amica. Elle s'est sauvée avec
l'argent du mal! Elle ira dans le monde, répétant qu'elle
l'a trouvé ici, que je suis le fils du mal, le fils de la grande
Claudine. L'univers saura que le mal m'a choisi dès le
premier souffle de mon existence» (p. 63-64 / 45).

D'une part, Amica devient le témoin d'un aveu
explicite de culpabilité de la part de Claudine. Sa
découverte annule ainsi tous les efforts déployés par
Claudine elle-même pour taire sa «faute», la racheter,
l'expier par le sacrifice du feu. Dans ces conditions, le

«respect» des autres ne sera plus possible et la faute deviendra irrémissible.

D'autre part, ce miroir-témoin amène François à nommer son mal, son échec, son drame, jusqu'à lui en retirer son intimité — «l'univers saura» —[33] empêchant désormais toute nouvelle fuite en lui-même. Il sait maintenant que le «contrat» de communication avec l'«autre» l'engageait sans retour dans une quête de Connaissance. Après avoir voulu acheter Amica pour se racheter lui-même, il est «vendu à son tour» (p. 62 / 44), trahi dans ses fausses espérances. La transition du crédit au débit marque l'échec de la transaction: un bilan comptable nul. C'est là le «fruit» de la faute. En «se sauvant» avec l'argent du mal, Amica le «damne».

Dès lors, il devient inutile de poser le «problème» de sa disparition. Son départ, tout comme son arrivée au domaine, sont aussi subits l'un que l'autre. L'intervention d'Amica dans le récit a pour fonction, on le sait, de nommer l'interdit du désir. Une fois la tâche accomplie, elle n'aura plus qu'à disparaître comme elle était venue.

Certains commentaires ambigus, exprimés précédemment par le narrateur, prépareront la confusion finale: «quand elle remontera, je l'étranglerai [...] je jetterai l'espionne à l'eau [...] Amica sera décapitée et démembrée [...] Non! Non! je ne veux pas de sa tête tranchée, sur ma poitrine!» (p. 61 / 44). L'emploi du futur semblerait vouloir annoncer ici, par anticipation, le meurtre effectif d'Amica. Mais qu'en est-il au juste?

Qu'Amica ait fui avec l'argent ou qu'elle ait été décapitée par le torrent, les deux solutions reviennent au même. La fuite d'Amica avec l'«argent du mal» apporte à

---

33 *Cf. Huis-Clos:* «Je vous vois, je vous vois; à moi seule je suis une foule, la foule, Garcin, la foule, l'entends-tu? [...] Lâche! Lâche! Lâche! Lâche! En vain tu me fuis, je ne te lâcherai pas» (p. 74).

François la révélation de sa condition irrémédiable. [34] Ce faisant, l'espoir de la Genèse n'aura plus cours. Si François espérait au début partager avec Amica le secret du torrent, et ainsi soulager son mal, il constate maintenant son impuissance à posséder l'«autre», même dans la plus extrême proximité: «pourquoi demeure-t-elle en moi? ses cheveux coulent en crochets jusqu'à moi. Ils sentent l'eau douce des chutes et ce parfum unique d'Amica. Sa *tête arrachée,* non, je n'en veux pas! [...] Ah! qui veut l'acheter? Moi, *j'ai déjà trop mis dessus!»* (p. 64-65 / 46). Dans ce jeu des paris, les dés étaient déjà pipés. La «fatalité» du torrent abolit tout hasard: Amica réintègre l'espace originel.

Par ailleurs, le «meurtre» d'Amica n'aurait pas pu permettre l'apaisement de cette «fièvre» qui avait suscité le récit: «je joue éveillé avec les éléments d'une fièvre qui s'apaise» (p. 64 / 45-46). Il n'aurait fait que reporter éventuellement le désir sur un autre «objet», comme ce fut le cas après le meurtre de Claudine. Alors qu'ici, l'affirmation de son «mal divin» [35] fera de François un «sujet absolu» dans la contemplation de son image. S'il rejette cette «tête arrachée», c'est qu'elle n'est plus «garante» désormais de son Salut. Tout comme ces «pauvres» objets de sa mère qui ne réussissent plus à le protéger de sa «demeure absolue». [36]

---

34 Nous reproduisons dans l'annexe VIII un poème de Baudelaire du même nom: «L'irrémédiable». On remarquera la similitude frappante entre sa symbolique et celle du *Torrent.*

35 P. Sollers, *L'Ecriture et l'Expérience des limites,* Coll. Points, Seuil, 1968, p. 57.

36 «Quel instinct me fait remonter les rives escarpées? [...] Si je reviens, c'est que le torrent n'est pas encore ma demeure absolue. La maison de mon enfance agit encore sur moi, et peut-être aussi Amica...» (p. 57 / 41).

Dans *Kamouraska,* on assiste également à la destruction du «décor» phantasmatique au moment où le «chœur des aubergistes» oblige la narratrice à quitter la chambre d'enfance: «La maison toute entière de la rue Augusta est détruite de fond en comble. Ma mère et mes tantes étouffent sous les décombres» (p. 207).

La contemplation de l'«*image*»

Ainsi, tout le récit de François Perrault pourrait se résumer en une quête désespérée pour atteindre au Référent. A son propre insu, le fils poursuivra ce que la mère avait commencé, jusqu'au moment où s'imposera son «aveuglante» fatalité.

Dès lors, au «pari» de Pascal, on opposera le «Grand Jeu» où l'on est soi-même son propre adversaire dans un combat sans fin. Tous les alibis seront alors dénoncés comme des «images fantastiques»[37] (p. 65 / 46) qui empêchaient depuis le début l'émergence de *son* image: «ma seule et épouvantable richesse» (p. 65 / 46).[38] La métaphore filée de la «richesse» trouve ici à s'accomplir dans son contraire.

En inversant la perspective au «profit» de l'extrême dénuement, c'est tout l'«héritage» d'un certain christianisme qu'on refuse.[39] Non pas qu'il s'agisse ici de ce

---

37 *Cf. Noces* (1938) Camus: «De la boîte de Pandore où grouillaient les maux de l'humanité, les Grecs firent sortir l'espoir après tous les autres, comme le plus terrible de tous [...] Car l'espoir, au contraire de ce qu'on croit, équivaut à la résignation. Et vivre, c'est ne pas se résigner» (p. 49). Aussi, cet autre extrait: «Une certaine continuité dans le désespoir peut engendrer la joie. A une certaine température de vie, l'âme et le sang mêlés, vivent à l'aise sur des contradictions, aussi indifférents au devoir et à la foi» (p. 63).

38 «Il existe un point extrême de pauvreté qui rejoint toujours le luxe et la richesse du monde». *Cf. Noces*, p. 62. *Cf*. Anne Hébert, *L'ange de Dominique* (1944): «Il faut se décider une fois pour toutes: ou ne pas partir, et amasser, pour la perdition de soi, des choses qui portent déjà en elles leur propre germe de décomposition, ou tout quitter pour le trait du moment, aussitôt né, aussitôt détruit, et le refaire chaque fois aussi excellemment que pour l'Eternité» (p. 100 / 70).

39 «S'il se dépouille, c'est pour une plus grande vie (et non pour une autre vie). C'est du moins le seul emploi valable du mot «dénuement». *Cf. Noces*, p. 63. «On sent bien qu'il s'agit ici d'entreprendre la géographie d'un certain désert. Mais ce désert singulier n'est sensible qu'à ceux capables d'y vivre sans jamais tromper leur soif» (p. 69-70).

«dépouillement de soi, comme condition de l'être pur» (p. 64 / 45), qui a fait la «fortune» de Claudine... Mais bien de cette lucidité sans-mélange d'une conscience du monde qui accueille tout: «d'ailleurs, je ne puis pas être pur.[40] Je ne serai jamais pur. Je me rends à ma fin. Je m'absorbe et je suis néant. Je ne puis imaginer ma fin en dehors de moi» (p. 64 / 45).

Le narrateur ne pourra plus invoquer l'irresponsabilité à sa décharge. Il se sait maintenant impliqué dans le «sort de cette terre» *(Kamouraska,* p. 173), responsable et «libre» en cela même qu'il assume sa condition de «damné». Comme Prométhée enchaîné par les dieux au Caucase, il est à jamais lié à sa mère dont le visage apparaît dans le miroir: «François, regarde-moi dans les yeux» (p. 65 / 46).

Ainsi, l'image d'Amica, en disparaissant dans le torrent, n'aura fait que rendre à celle de Claudine sa vérité première qu'elle servait à «voiler». «Tu es ma fille et tu me continues» dira Philomène à Julie dans *Les Enfants du Sabbat* (p. 69).

> Le visage de ma mère est «hideux» [...] «Hideux», «hideux», «hideux». Je leur ferai à tous sortir le méchant du corps. Je les confesserai tous. Je les délierai de leurs péchés. Ainsi l'horreur sur le visage de ma mère. Mon pouvoir se décide et se fonde, en ce moment même où le feu, pareil à une bête, toutes griffes dehors, s'agrippe à mes reins. Moi-même

---

40 *Cf.* Sartre, *La Nausée:* «Naturellement, je voudrais bien souffrir de cette façon-là, en mesure, sans complaisance, sans pitié pour moi-même, *avec une aride pureté.* Mais est-ce que c'est ma faute si la bière est tiède au fond de mon verre, s'il y a des taches brunes sur la glace, si je suis de trop, si la plus sincère de mes souffrances, la plus sèche se traîne et s'appesantit, avec trop de chair et la peau trop large à la fois» (p. 244).

feu et aliment de feu, je fais l'hostie de notre étrange communion (p. 69).

Et, comme psalmodié en écho, ce répons de Philomène:

C'est l'Arbre de Science, l'Arbre de Vie, le serpent qui a vaincu Dieu qui se trouve à présent planté dans ton ventre, ma crotinette à moi [...] Le diable, ton père, t'a engendrée une seconde fois (p. 69).

Voilà l'image même de la Vierge noire, de la «Piéta sauvage»: le serpent vivant en elle, et non pas mort sous elle...

Dans *Le Torrent,* la «contemplation» se fera «conscience du mal» par l'union perpétuelle de la mère et du fils: «Le plus grand sorcier et magicien est celui qui naît de la mère et du fils» *(Les Enfants du Sabbat,* p. 98). Tel est «l'oracle venu du fond des temps» (p. 98). Vérité profonde du Paradoxe qui peut seul assurer la continuité dynamique d'une nouvelle «Alliance» où l'homme devient à la fois la victime et le sacrificateur[41] de son Salut:

Incarnation, nos dieux tremblent avec nous! La terre se fonde à nouveau, voici l'image habitable comme une ville et l'honneur du poète lui faisant face, sans aucune magie: dure passion.[42]

L'«espace» du torrent prend donc ici tout son sens comme lieu de la naissance et de la mort, soit l'«Existence» même. Au cours du récit, on assistera à la lente évolution diachronique — le temps de l'histoire —, et synchronique — le temps de la narration, de cette

---

41 «Je suis la plaie et le couteau!
 Je suis le soufflet et la joue!
 Je suis les membres et la roue,
 Et la victime et le bourreau!» (Baudelaire, «L'Héauton-timorouménos»).

42 Anne Hébert, «Des dieux captifs», *in Poèmes,* Seuil, p. 105.

«image réflexive» qui apprend peu à peu à se lire.

Ainsi le narrateur aura mis à la fois longtemps — environ quarante ans de sa vie —, et peu de temps — le temps de vivre la crue des eaux de son printemps symbolique —, avant de reconnaître ce qui se montrait pourtant dans toute son évidence (rétrospective, s'entend): «l'eau me montrait ses tournoiements, son écume [...] *Non une seule grande cadence* entraînant toute la masse d'eau, mais le spectacle de *plusieurs luttes exaspérées,* de *plusieurs courants et remous intérieurs se combattant férocement* (p. 32 / 25).

On comprendra que ce texte de mise en abyme du récit est au plan de l'«image» matérielle, ce que le texte sur la fatalité du poème et de la tragédie (p. 24 / 19) était au plan de l'«image» conceptuelle. Bien qu'ici, il nous soit donné cette fois de visualiser l'ensemble du discours narratif dans sa substance même, dans sa matérialité.

La composition du récit, à travers l'utilisation d'une structure en chassé-croisé, (l'*économie* de Claudine / la *dépense* de François) emprunte en effet cette image d'une «lutte exaspérée» des remous contraire. Ainsi, dans un premier temps, Claudine tentera de s'«affranchir» en «se payant» un prêtre; mais cette économie du Salut, on l'a vu, jouera contre elle, au moment où la révolte «retenue» et «liée» de François la tuera. Dans un deuxième temps, le mouvement de chassé-croisé — propre à *chacune* des deux parties — s'inversera, alors que François sera «vendu» par Amica pour avoir voulu à son tour «racheter» le mal de la faute.

En s'inversant ainsi, le double mouvement de chacune des deux parties nous donne l'«image» du torrent, ou mieux peut-être, son «Chiffre»: le signe mathématique de l'infini. Soit la double ellipse des courants contraires confondus en une seule force à la fois adverse, inverse et perverse: l'inceste de la mère et du fils dans la promiscuité d'un tête-à-tête avec l'«hydre sauvage» *(cf.* la foule du Métro, dans *Héloïse).* Point de fuite de l'ouverture («point» comme substantif) et de la fermeture («point» comme adverbe de négation). Le lieu «dit» de l'Existence dans le Langage: «poésie, *solitude rompue»* de la «communion», qui, pour être partagée, n'en est pas pour autant annulée... Et dès lors, l'«Arbre est justifié».[43]

*

La matrice symbolique de l'œuvre entière nous sera ainsi donnée dans *Le Torrent.* Une alchimie sacrée semble toujours vouloir s'opérer à l'intérieur d'une Trinité de personnages dont l'excès du désir constitue le ferment.

Nous aurons sûrement l'occasion de démontrer dans une publication ultérieure l'évolution de cette symbolique à travers l'œuvre complète. Mais déjà, l'étude exhaustive de deux œuvres aura permis de constater la justesse de notre affirmation; sans compter les nombreuses références aux autres récits d'Anne Hébert que nous avons pu faire au cours de la présente analyse.

Si l'on compare, par exemple, *Le Torrent* et *Kamouraska,* on se rend compte que les deux situations dramatiques utilisent, à quelques exceptions près, le même type d'interaction entre les actants.

D'une part, dans *Le Torrent,* le récit met en scène trois personnages principaux: Claudine, *François,* Amica. La prêtrise anticipée de François jouera pour Claudine le rôle d'alibi; alors qu'ultérieurement ce sera la nature symbolique du personnage d'Amica — l'espoir d'une

---

43 *Cf.* Anne Hébert citant Camus, *in Poèmes,* «Poésie, solitude rompue», p. 71.

nouvelle Genèse — qui permettra à François d'échapper temporairement à son destin. Et le récit se terminera par la «damnation» de François, lié désormais à sa mère dans le torrent.

D'autre part, dans *Kamouraska,* les trois personnages importants sont, respectivement dans le même ordre symbolique que pour *Le Torrent,* Antoine, *Elisabeth* et George. Elisabeth représentera aux yeux d'Antoine un vivant défi de vitalité et de courage pour sa veulerie de débauché neurasthénique, figurant par là comme le double féminin de son ancien camarade de collège, George Nelson. Par ailleurs, Elisabeth trouvera dans le «feu des yeux noirs» de George l'expédient nécessaire pour l'«absoudre» de son mariage avec Antoine; alors que l'amour d'Elisabeth servira également d'alibi à George pour «reconquérir le royaume perdu» à travers la mort d'Antoine. Cette réciproque du partenaire amoureux (George) ne se retrouve pas dans *Le Torrent;* c'est là la seule différence entre les deux types d'interactions. Comme si l'auteur avait voulu donner cette fois plus de consistance humaine à l'interlocuteur du personnage principal, en lui faisant partager la même quête de Salut. Néanmoins, l'aboutissement sera fondamentalement le même que dans *Le Torrent.* Elisabeth sera «damnée» au moment où elle constate que George n'aura été qu'une étape intermédiaire (le deuxième homme) dans le processus de son enfermement allant d'Antoine Tassy à Jérôme Rolland.

Au plan de l'histoire, qui constitue presque toujours l'expérience du narrateur, il existera une volonté de puissance réprimée, ou exprimée *(cf. Les Enfants du Sabbat),* à la source de la situation dramatique vécue par les actants. Au plan de la narration, que cette volonté de puissance ait été ou non justifiée par les circonstances données, l'«excès initial» devra toujours être assumé comme tel tôt ou tard par le narrateur.

Dans *Le Torrent,* cette responsabilité devient le propre d'un des enfants les plus misérables de notre littérature. L'intransigeance de sa «morale» n'aura d'égale que l'infortune de sa naissance. L'exemple ne peut donc pas donner prise à aucun faux-fuyant. Il y a là, à n'en pas douter, toute une pensée existentialiste.

A travers les rapports liant la mère (Claudine) au fils (François), l'époux (François) à l'épouse (Amica), il s'agit vraisemblablement pour l'auteur de dénoncer l'échec de toute une société, certes, mais surtout celui d'un certain mode de pensée qui continue à perpétuer la «faute».

A cela, l'auteur oppose une grande structure architypale qui cherchera à rendre la fin aux origines pour l'accomplir:

> Voici que le songe accède à la parole. La parole faite chair. La possession du monde. La terre à saisir et à nommer. Quatre siècles et demi de racines. *L'arbre, non plus souterrain. Mais avoué à la lumière. Debout, face au Monde. L'Arbre de la Connaissance. Non pas au centre du jardin. Ces douces limbes prénatales. Hors du paradis. En pleine terre maudite. A l'heure de la naissance. Porte ouverte sur la terre ronde et totale.*[44]

Pour conclure, nous rappellerons au lecteur que *Le Torrent* a été publié «à compte d'auteur» en 1950... Une honte pour nous? Objectivement, peut-être. Mais rien n'est

---

44 Extrait d'un texte écrit par Anne Hébert dans *La Presse.* Voir supplément du 13 février 1967. Pour compléter cette citation, nous pourrions y ajouter la dernière phrase d'«Adieu» de Rimbaud dans *Une Saison en enfer:* «et il me sera loisible de posséder la vérité dans une âme et un corps». *Cf. Œuvres de Rimbaud,* Editions Garnier, p. 241.

jamais «purement» objectif. La conscience d'un peuple met souvent beaucoup de temps à rattraper l'«existence» des œuvres. Car l'«existence» des œuvres se réalise par la lecture qu'elles suscitent elles-mêmes, qu'elles appellent pour se réaliser. Aujourd'hui, le cycle est accompli qui nous ramène à un «nouveau» *Torrent*.

Issu de cette culture judéo-chrétienne qui est la nôtre, l'auteur assumait déjà à cette époque de la «grande noirceur» toutes ces images qui nous ont marqués au plus profond de l'inconscient, sans qu'on en ait toujours mesuré la portée. Tout un passé enfoui que les «fouilles» d'Amica ont voulu mettre à jour. Beau travail de poète qui fait aujourd'hui d'Anne Hébert, la prêtresse de nos «sacrifices»:

> Que celui qui a reçu fonction de la parole vous prenne en charge comme un cœur ténébreux de surcroît, et n'ait de cesse que soient justifiés les vivants et les morts en un seul chant parmi l'aube et les herbes («Mystère de la parole», p. 75).

Annexes

Annexe I

Le Canadien *du 20 février 1839*

«Vers les quatre heures de l'après-midi le 31 janvier dernier, un étranger venant d'en haut arrêta à l'auberge de Wood, à quelques arpents au-dessus de l'église de Kamouraska, fit dételer son cheval et ordonna qu'on lui prépara à manger. Il ôta son capot et descendit à pied quelque distance plus bas que l'église, tandis que la femme de l'auberge lui préparait son repas. Il s'informa d'un jeune homme qu'il rencontra en chemin où demeurait madame Taché, la seigneuresse du lieu, et si son fils, monsieur Achille, était à la maison. Le jeune homme lui indiqua le manoir et lui dit qu'il pensait que M. Achille y était. Il revint ensuite à son auberge.

«Vers six heures et demie il fit mettre son cheval sur sa voiture et dit à la femme de l'auberge qu'il allait à Saint-Paschal, qu'il descendrait par Saint-André et reviendrait dans deux ou trois jours. Il prit le côté d'en bas. Arrivé à quelques arpents de la route qui conduit à la maison de madame Taché, qui est à quelque distance du chemin et qu'il s'était fait indiquer un instant auparavant, il fit rencontre d'une des voitures de madame Taché dans laquelle se trouvait M. Achille Taché, qui venait voir un de ses amis malade près de l'église. Il reconnut monsieur Taché, lui dit qu'il venait de Sorel, qu'il avait des nouvelles de sa famille à lui donner. (Madame Taché et ses deux enfants étaient en promenade à Sorel). Sur quoi M. Taché tout joyeux passa de la voiture de sa mère dans celle de cet étranger qui rebroussa chemin et prit le côté d'en haut.

«M. Taché n'ayant point retourné le soir chez sa mère, celle-ci s'informa au domestique de ce qu'il était devenu. Il lui rendit compte de ce qui s'était passé, et madame Taché demeura sans inquiétude jusqu'au lendemain, vendredi premier février courant, où elle fit faire des perquisitions qui amenèrent à supposer qu'il s'était rendu à la Rivière-Ouelle chez un de ses compagnons de collège où il allait assez fréquemment. Le samedi M. Taché n'ayant point reparu et des habitants de Kamouraska venant de Sainte-Anne, ayant dit qu'un étranger avait couché dans la nuit du 31 janvier au 1er février, dans une auberge de Sainte-Anne, que sa voiture était pleine de sang, qu'ils avaient vu les traces de sang dans l'anse de Kamouraska jusqu'à une petite distance d'une maison que M. Achille Taché avait au-dessus de l'église, l'alarme se répandit, et on se mit à la recherche du jeune homme qu'on ne douta plus avoir été assassiné.

«Le dimanche matin son corps fut trouvé sur la batture de Kamouraska portant des marques à la tête. Lors de l'examen du corps fait par le docteur Douglas, *deux balles furent trouvées dans la tête de l'infortuné jeune homme.*

«D'après le signalement donné de la personne que l'on supposait avoir commis le crime et avec qui M. Taché s'était embarqué, les soupçons se portèrent sur le docteur Holmes de Sorel, compagnon de collège de M. Taché. On a donné à sa poursuite d'abord jusqu'à Sorel où on est arrivé le 7 du courant. Là on apprit que le Dr Holmes s'était absenté du village, où il demeurait, depuis le 22 janvier jusqu'au 5 février, et que dans la nuit du 5 au 6 courant, à l'arrivée de la poste, il s'était enfui en toute hâte, prenant la route qui conduit aux Etats-Unis. La poursuite a été continuée jusqu'à Saint-Ours où on a trouvé son cheval, sa carriole et ses peaux encore teintes du sang de sa victime. Le docteur avait pris un cheval frais pour aller plus vite.

«Le Dr Holmes fut arrêté à Burlington, dans l'état de Vermont, mais le gouvernement canadien ne put obtenir son extradition. On n'en a plus entendu parler depuis».

Annexe II

L'Abbé Couillard-Desprès — Histoire de Sorel

«A quelque temps de là, le bon monsieur Kelly (curé de Sorel) eut à subir une épreuve des plus sensibles. Une de ces nièces, Mlle Joséphine-Eléonore Destimauville, qui devint plus tard madame Louis-Paschal-Achille Taché, venait le visiter durant les vacances. A Sorel vivait un certain docteur Georges Holmes, célibataire, ami de M. Kelly, qui avait ses entrées libres au presbytère. Un jour vint où, ayant conçu un amour coupable à l'égard de cette personne, Holmes résolut de faire disparaître de la scène du monde celui qui, d'après lui, était un obstacle à son bonheur. Il tenta d'abord de faire empoisonner le docteur Taché, en envoyant, à deux reprises, à Kamouraska, des servantes chargées de cette triste besogne. La première revint sans accomplir sa mission; la seconde fit boire du poison au docteur, mais sa forte constitution lui sauva la vie. Ce que voyant, le Dr Holmes résolut de l'assassiner. Il part avec son attelage et se rend à Kamouraska. Il épie le moment où le docteur Taché passera par la route qui conduit à sa villa. Puis le voyant venir, il sort des broussailles, accomplit son meurtre, cache le cadavre dans la forêt et revient en diligence à Sorel où il arrive de nuit. Il y a chez lui un étudiant en médecine du nom de Van Ness.

Il le prie de dételer son cheval et de prendre celui du voisin et de l'atteler à sa voiture. Il lui déclare qu'il a provoqué le docteur en duel et l'a tué accidentellement. Il se rend chez M. le curé Kelly qui lui donne de sages avis et lui défend de se suicider. Afin d'éviter les coups de la justice, il prend le chemin des Etats-Unis et il se retire à Burlington, où il meurt après avoir pleuré sa faute. Nous avons de lui plusieurs lettres dans lesquelles il regrette de n'avoir pas suivi les conseils de ses vrais amis.

«Madame Taché fut arrêtée sous l'accusation de complicité et incarcérée dans la prison de Sorel. Elle fut ensuite acquittée honorablement. A la suite de cette triste affaire, M. le curé de Sorel perdit quelque peu de sa popularité».

Annexe III

Joséphine d'Estimauville

Elle naquit à Québec le 30 août 1816, et s'y maria le 16 juillet 1834 à Achille Taché. *Elle avait 18 ans.*

Son père, Jean-Baptiste-Philippe II d'Estimauville laissait à sa mort, en 1823, une veuve de 38 ans et quatre enfants en bas âge: Joseph-Alexandre-César, âgé de 14 ans; Marie-Antoinette-Léocadie, âgée de 12 ans; Robert-Anne, âgé de 11 ans et elle-même Josephte-Joséphine-Eléonore qui n'avait que 7 ans.

Il semble bien que la jeune veuve d'Estimauville ait vécu avec ses sœurs, en particulier avec Angélique et Louise-Angèle, qui étaient célibataires, puisque *toutes les deux* racontent avoir presque élevé Joséphine et avoir eu de fréquents rapports avec elle et son mari.

Joseph-Alexandre-César devint prêtre. Il mourut tout jeune, à 28 ans, à Saint-Roch de Québec, en 1837. Son frère, Robert-Anne, fut reçu avocat le 9 mai 1838, et il exerça à Montmagny jusqu'à sa mort, en 1872. Sa mère vint vivre chez lui après le drame et mourut à Montmagny en 1855, à l'âge de 70 ans. Marie-Antoinette-Léocadie épousa à Sorel, le 23 janvier 1837, William Buies, et alla vivre en Guyanne anglaise où elle mourut en 1842. Elle est la mère d'Arthur Buies.

Bien des événements étaient donc survenus dans la famille d'Estimauville quand Joséphine-Eléonore arriva à Sorel en décembre 1837. Son oncle Cazeau était mort l'année précédente, et la veuve avait rejoint ses sœurs à Sorel. Son frère, l'abbé, venait de mourir, son autre frère commençait sa carrière d'avocat, sa sœur Léocadie, qu'elle aimait bien, venait de se marier et était partie pour la Guyanne anglaise.

Elle a bientôt recours aux soins du docteur Holmes pour ses enfants et pour elle-même, car elle avait une santé délicate. D'ailleurs ils devaient forcément se rencontrer tôt ou tard, car le docteur Holmes était un compagnon d'Achille au collège de Nicolet, et de plus il fréquentait l'abbé Kelly, chez qui il prenait tous ses repas. Holmes avait obtenu sa licence de pratique de la médecine du Bureau des Examinateurs de Québec le 5 avril 1837, et il ne pratiquait que depuis quelques mois.

Sylvio-Leblond, «Le drame de Kamouraska d'après les documents de l'époque» *Les Cahiers des dix,* no 37, 1972, p. 243-245.

Annexe IV

Le six février, le coroner Charles Panet s'était transporté à Kamouraska, en compagnie du docteur James Douglas, jeune chirurgien de Québec, reconnu pour son habileté opératoire et ses connaissances anatomiques. Il était chirurgien-en-chef de l'Hôpital de la Marine, et frère du docteur Georges Mellis Douglas, surintendant de la Grosse-Isle. James Douglas fit l'autopsie du cadavre dans la maison de Mme Taché. Toutes les blessures étaient localisées à la tête. Il y en avait deux de très sérieuses et plusieurs petites. En avant de l'oreille droite, juste au-dessus de l'os zygomatique, une ouverture était assez grande pour laisser pénétrer le petit doigt. A l'occiput, s'ouvrait une autre large blessure. Les os du crâne étaient tous fracturés. La balle qui était entrée en avant de l'oreille droite avait fait éclater tous les os du massif facial et était venue se loger dans la joue droite. Celle qui avait pénétré par la base du crâne, en arrière, avait traversé le cerveau et était venue se loger au-dessus de l'œil droit. Les deux balles étaient encore-là. *Les contusions sur le cuir chevelu avaient probablement été faites par la crosse du pistolet.*

L'enquête, commencée le cinq février, se poursuivit tant à Kamouraska qu'à Sorel et à Montréal jusqu'au vingt-huit. A Kamouraska, on assermenta vingt-quatre jurés, mais douze seulement siégèrent comme tels; les juges de paix Amable Dionne et C.-H. Têtu y entendirent les témoins. A Sorel, les témoignages furent reçus par Robert Jones et Henry Crebassa, également juges de paix.

Les témoignages furent nombreux. Aurélie Prévost et Georges Van Ness, qui comparurent deux fois, apportèrent des précisions plus que compromettantes pour les amoureux. Aurélie surtout fut très loquace. Les sœurs Drapeau et l'abbé Kelly soutinrent qu'elle était une fille de mauvaises mœurs et qu'on ne devait en aucune façon ajouter foi à ce qu'elle disait. En revanche, plusieurs Sorellois, qui la connaissaient ou l'avaient eue à leur service, lui faisaient confiance et ne doutaient pas de sa bonne conduite. Elle raconta par de menus détails toutes les allées et venues des deux amants.

Le docteur Holmes était revenu à Sorel le cinq février. Aurélie raconta qu'il s'était rendu chez Mme Taché, qu'il lui dit revenir de Kamouraska; qu'il avait tué son mari d'un coup de pistolet sous l'oreille droite, et l'avait enterré sous la neige, dans l'Anse, près d'une clôture. Le lendemain, il dîna chez son ami, M. Peel, dont il avait emprunté le capot d'étoffe du pays, et il revit Mme Taché. A onze heures du soir, le curé le fit demander. Il revint au bout de vingt minutes. Il se déshabilla mais ne se coucha pas. Il demanda à Pierre Crédit, son engagé, d'aller chercher M. Van Ness, qui logeait tout près de là et qui arriva tout-de-suite. Ils s'enfermèrent tous les deux dans la chambre, mais auparavant le docteur Holmes demanda à Pierre Crédit d'aller atteler son cheval. Il avoua à M. Van Ness qu'il n'était pas allé voir son père, mais qu'il s'était rendu à Kamouraska plutôt, et qu'il avait tué M. Taché. Il était dans tous ses états, dira M. Van Ness. Agité, il s'appuyait sur son bras contre le mur et pleurait amèrement. Il lui dit qu'il devait partir et quitter le Canada pour toujours, répétant: «That damned

woman, these damned women ruined me!» Il était minuit.
Il s'habilla, serra la main de Van Ness et partit, avec sa
valise et son sac de voyage, dans la cariole et avec le même
cheval qui l'avait conduit à Kamouraska.

Sylvio-Leblond, «Le drame de Kamouraska d'après les
documents de l'époque», *Les Cahiers des dix,* no 37, 1972,
p. 260-262.

Annexe V

Georges Holmes

Il était le demi-frère de l'abbé Jean (John) Holmes, qui s'était converti au catholicisme à l'âge de 18 ans, et qui, en 1837, était professeur au Séminaire de Québec et jouissait déjà d'une bonne réputation comme prédicateur.

Les Holmes venaient du New-Hampshire [...]

Le père, John Holmes, cordonnier de son métier, avait épousé Anne Bugbee, de Windsor, Vermont, en 1797. Elle mourut jeune, à 25 ans, en 1802. Elle avait donné naissance à un fils prénommé John (Jean). Le père se remaria en 1807 à Mary Sarah Towne, d'Oxford (Mass.), qui lui donna sept enfants, dont un fils, Georges, né en 1813.

John (Jean), le fils aîné, avait fréquenté Darthmouth College. Il se sentait attiré vers la vie religieuse et voulait étudier la théologie. Son père s'y opposa, le sortit du Collège et l'emmena à Colebrook où il possédait une ferme. Il comptait y intéresser son fils, mais John s'enfuit. Il avait 16 ans. Il traversa la frontière, tout près de chez lui, et s'en vint à Sherbrooke, dans les Cantons de l'Est, où il trouva de l'emploi comme homme à tout faire chez un tanneur.

Par la suite, John (Jean) va étudier la philosophie au collège de Montréal. Il se lie d'amitié avec Jean-Baptiste Meilleur, qu'il décide à aller poursuivre ses études universitaires aux Etats-Unis. Meilleur part dans l'intention d'étudier le droit, mais il s'oriente bientôt vers la médecine. En 1820, Jean Holmes est à Nicolet. Il veut devenir prêtre. Il écrit à son père à Colebrook. Il n'avait pas donné de ses nouvelles depuis son départ cinq ans auparavant. Le père est tout heureux; il n'avait cessé de s'inquiéter pendant toutes ces années. Il décide de venir chercher l'enfant prodigue. Il part avec deux chevaux dont un devait ramener le fils à la maison. Mais Jean décide de rester à Nicolet et le père retourne chez lui sans ramener l'autre cheval. Les relations avec la famille sont bonnes. On se visite. De nouvelles petites sœurs sont nées. Jean prêche sa foi de converti à son frère et à ses sœurs. *Il emmène son petit frère Georges, âgé de 7 ans,* et le confie aux demoiselles O'Connor, de Saint-Ours.

Georges entre au séminaire de Nicolet en 1825. Il a douze ans et il est catholique. Mgr Panet paie sa pension. Le 24 août 1827, Jean est au Séminaire de Québec depuis quelques mois. Il écrit à Mgr Panet:

Je lui avais marqué [à M. Jérôme Demers, supérieur du séminaire de Québec] que mon jeune frère au séminaire de Nicolet, dont Votre Grandeur payait la pension, dépend de moi en grande partie pour l'entretien. Cet enfant que Dieu a retiré du sein de l'infidélité aussi bien que moi-même continue de répondre à tous mes désirs *(Archives de l'Evêché de Nicolet,* Lettre 35: Drummond-ville, 17 juin 1827).

Georges termine ses études classiques, obtient son certificat et il est admis à l'étude de la médecine par le Bureau des Examinateurs de Montréal le 4 octobre 1831. Le 5 avril 1837, le Bureau des Examinateurs de Québec lui accorde sa licence de pratique. Il avait présenté un diplôme du Castleton Medical College.

A Castleton, il s'était inscrit comme venant de Sorel, où pratiquait déjà depuis 1833 le docteur Michel-Etienne Haller. A Saint-Ours, on connaissait le docteur J.-B. Rieutord, fils du docteur J.-B. Rieutord, de Trois-Rivières, et le docteur Jacques Dorion. Georges s'installa à Sorel. Il était célibataire et avait 24 ans. Il couchait à son bureau mais il mangeait au presbytère. Il n'était pas très grand, avait les cheveux foncés. Il portait des favoris. On a dit qu'il était plutôt bel homme. Il parlait bien français mais avec un petit accent américain qui fit dire à Joseph Ouellet, de Sainte-Anne-de-la-Pocatière: «J'ai bien vu qu'il n'était pas canadien, sa langue est trop corrompue».

Sylvio-Leblond, «Le drame de Kamouraska d'après les documents de l'époque», *Les Cahiers des dix,* no 37, 1972, p. 245-249.

Annexe VI

Cet actant (l'«homme horrible») agit comme une constante dans l'œuvre d'Anne Hébert. Qu'on pense à Michel et Lia, dans *Les Chambres de bois,* à George Nelson, dans *Kamouraska,* à Philomène et Adélard, dans *Les Enfants du Sabbat,* à Héloïse et Bottereau, dans *Héloïse.* Ils ont tous en commun cette odeur de vase qui, soit s'attache à eux *(cf.* George Nelson), soit émane d'eux *(cf.* les autres). Tous sont impliqués dans le «sort de cette terre», liés à son «effondrement» perpétuel *(Kamouraska,* p. 173) Ils représentent un certain rapport au monde vécu par l'homme: celui de la souffrance sous toutes ses formes, autant physique que morale, et celui de la mort omniprésente. Tout le «mal» du monde, en somme.

Dans *Kamouraska,* George Nelson reçoit le nom de «roi de la vase». Au cours des deux voyages qu'il entreprend, le premier à Québec, le second à Kamouraska, c'est toujours le même danger qui le menace: le sentiment de «l'inutilité de tout geste à faire» (p. 198). Sur le chemin qui mène de Sorel à Québec aller-retour, on le voit traverser le «bourbier de l'automne» (p. 171). Après la mort de sa sœur Cathy, il lui faut maintenant vivre son amour avec Elisabeth même au prix de la mort d'Antoine. «Lié au sort de cette terre [...] avant d'aller y pourrir en chair et en os» (p. 173), il risque à tout instant de se noyer dans les «fondrières énormes» du fossé qui borde le chemin *(cf.* l'espace symbolique de l'«homme horrible»). Pour se maintenir sur la route, il devra la parcourir à toute vitesse (celle de son désir).

De même, au cours du voyage à Kamouraska, doit-il éviter de s'écarter de la route. Pourvu que la route soit bien balisée, dira Elisabeth (p. 193). Il devra alors éviter de se perdre dans la neige, de s'y enliser ou de s'y endormir. Mais que ce soit la neige ou la boue, l'espace symbolique est le même: «Peut-être est-il (George) secrètement mêlé et confondu au froid de l'hiver? Comme il a été mêlé et confondu à la boue des chemins, un soir d'automne» (p. 187).

Annexe VII

Le «sacrifice» de la mère doit être considéré comme l'équivalent symbolique de celui du fils. Dans un premier temps, François allait racheter par son abnégation — le sacrifice d'une vie consacrée à la prêtrise — le respect des autres en regard de Claudine: soit lui assurer la soumission de ce regard «des autres» sur elle. Dans un deuxième temps, la mort de Claudine effacerait le passé de François et lui permettrait de recommencer *(cf.* la Genèse) sa vie, de «connaître la joie». C'est le chassé-croisé des deux «sacrifices» qui constitue ici le symbole, et non leur identité respective. Le constat d'échec qu'il représente semble vouloir nous suggérer la fin des «sacrifices» millénaires de l'humanité, comme une dénonciation flagrante de tout l'arsenal de nos alibis qui n'en finissent plus de toujours recrucifier le Christ: «Ecce homo». Dans *Le printemps de Catherine* (1946-47) *(cf.* aussi *Les Enfants du Sabbat),* c'est la guerre qui en donnera l'image la plus terrifiante: «Quelle plaie suprême, immense et farouche s'ajustera donc à la vieille plaie du voile de Véronique? Quand le Christ aura donné les traits de son visage tuméfié au dernier blessé, notre malheur sera-t-il enfin consommé? (p. 130 / 94)

Nous reproduisons ici un poème de Saint-Denys

Garneau qui signalait déjà à sa façon l'échec de cette nouvelle Genèse:

A propos de cet enfant qui n'a pas voulu mourir
Et dont on a choyé au moins l'image
   comme un portrait dans un cadre dans un salon
Il se peut que nous nous soyons trompés
                  exagérément sur son compte.
[...] Il n'était peut-être qu'un enfant comme les autres
Et haut seulement pour notre bassesse
Et lumineux seulement pour notre grande ombre
                    sans rien du tout
(Enterrons-le, le cadre avec et tout).

Il nous a menés ici comme un écureuil qui nous perd
               à sa suite dans la forêt
Et notre attention et notre ruse s'est toute gâchée
       à chercher obstinément dans les broussailles

Nos yeux se sont tout énervés à chercher son saut
             dans les broussailles.

Toute notre âme s'est perdue à l'affût
         de son passage qui nous a perdus
Nous croyions découvrir le monde nouveau
           à la lumière de ses yeux
Nous avons cru qu'il allait nous ramener
           au paradis perdu.

Mais maintenant enterrons-le, au moins le cadre
             avec l'image
Et toutes les tentatives de routes
       que nous avons battues à sa poursuite
Et tous les pièges attrayants que nous avons dressés
            pour le prendre.

(Saint-Denys Garneau, *Poésies complètes,* pp. 180-181)

Annexe VIII

Insistons sur la similitude frappante entre la symbolique de ce poème de Baudelaire et celle du *Torrent*.

L'IRRÉMÉDIABLE

Une Idée, une Forme, un Etre
Parti de l'azur et tombé
Dans un Styx bourbeux et plombé
Où nul œil du Ciel ne pénètre;

Un Ange, imprudent voyageur
Qu'a tenté l'amour du difforme,
Au fond d'un cauchemar énorme
Se débattant comme un nageur,

Et luttant, angoisses funèbres!
Contre un *gigantesque remous*
Qui va chantant comme les fous
Et pirouettant dans les ténèbres;

Un malheureux ensorcelé
Dans ses tâtonnements futiles,
Pour fuir d'un lieu plein de reptiles,
Cherchant la lumière et la clé;

Un damné descendant sans lampe,
Au bord d'un gouffre dont l'odeur
Trahit l'humide profondeur,
D'éternels escaliers sans rampe,

Où veillent des monstres visqueux
Dont les larges yeux de phosphore
Font une nuit plus noire encore
Et ne rendent visibles qu'eux;

Un navire pris dans le pôle,
Comme en un piège de cristal,
Cherchant par quel détroit fatal
Il est tombé dans cette geôle;

— Emblèmes nets, tableau parfait
D'une fortune irrémédiable,
Qui donne à penser que le Diable
Fait toujours bien tout ce qu'il fait!

II

Tête-à-tête sombre et limpide
Qu'un cœur devenu son miroir!
Puits de Vérité, clair et noir,
Où tremble une étoile livide,

Un phare ironique, infernal,
Flambeau des grâces sataniques,
Soulagement et gloire uniques,
— *La conscience dans le Mal!*

(Charles Baudelaire, *Les Fleurs du mal,*
Le Livre de Poche, Gallimard, 1961, pp. 97-98)

Bibliographie

HEBERT, Anne, *Les Songes en équilibre,* Coll. L'arbre, Hurtubise HMH, Montréal, 1942.

_____, *Le Torrent,* Coll. L'arbre, Hurtubise HMH, Montréal, 1963, 248 p.

_____, *Le Tombeau des rois,* Institut littéraire du Québec, Montréal, 1953, 71 p.

_____, *Les Chambres de bois,* Seuil, Paris, 1958, 189 p.

_____, *Poèmes,* Seuil, Paris, 1960, 104 p.

_____, *Le Temps sauvage,* Coll. L'arbre, Hurtubise HMH, Montréal, 1967, 187 p.

_____, *Kamouraska,* Seuil, Paris, 1970, 250 p.

_____, *Les Enfants du Sabbat,* Seuil, Paris, 1975, 187 p.

_____, *Héloïse,* Seuil, Paris, 1980, 123 p.

Etudes critiques sur **Kamouraska**

BOUCHARD, Denis, *Une lecture d'Anne Hébert,* Coll. Littérature, Cahiers du Québec no 34, Hurtubise HMH, Montréal, 1977, 242 p.

DORAIS, Fernand, *Kamouraska* d'Anne Hébert: essai de critique herméneutique, *Revue de l'Université Laurentienne,* vol. 4, no 1, Montréal, nov. 1971, p. 76-82.

FRANCŒUR, Louis, «Le monologue intérieur narratif (sa syntaxe, sa sémantique et sa pragmatique)»,

Etudes littéraires, vol. 9, no 2, Montréal, août 1976, p. 341-365.

LEBLOND, Sylvio, «Le drame de Kamouraska d'après les documents de l'époque», *Les Cahiers des dix* no 37, Montréal, 1972, p. 239-273.

LE GRAND, Albert, «*Kamouraska* ou l'Ange et la Bête», *Etudes françaises,* vol. 7, no 2, Montréal, mai 1971, p. 119-143.

MACCABEE-IGBAL, F. «*Kamouraska,* la fausse représentation démasquée», *Voix et Images,* vol. IV, no 3, Montréal, avril 1979, p. 460-478.

MERLER, Grazia, «La réalité dans la prose d'Anne Hébert», *Ecrits du Canada français* no 33, Montréal, 1971, p. 43-83.

OUELLETTE, Gabriel-Pierre, «Espace et délire dans *Kamouraska* d'Anne Hébert», *Voix et Images,* vol. I, no 2, Montréal, décembre 1975, p. 241-264.

SYLVESTRE, Roger, «Du sang sur des mains blanches», *Critère* no 4, Montréal, juin 1971, p. 46-61.

THERIAULT, Serge A., *La quête d'équilibre dans l'œuvre romanesque d'Anne Hébert,* Asticou, Hull, 1980, 223 pages.

THERIO, Adrien, «La maison de la belle et du prince ou l'enfer dans l'œuvre romanesque d'Anne Hébert», *Livres et auteurs québécois,* Montréal, 1971, p. 274-284.

Etudes critiques sur **Le Torrent**

BOUCHARD, Denis, *Une lecture d'Anne Hébert, La recherche d'une mythologie,* Coll. Littérature, Cahiers du Québec no 34, Hurtubise HMH, Montréal, 1977, 242 pages.

HOUDE, Gilles, «Les symboles et la structure mythique du *Torrent*», *La Barre du jour* no 16, Montréal, oct-déc. 1968, p. 22-46, et no 21, septembre-octobre 1969, p. 22-68.

LACOTE, René, *Anne Hébert,* Seghers, Paris, 1969, 188 pages.

LEGRAND, Albert, «Anne Hébert: de l'exil au royaume», *Littérature canadienne-française (conférences J.-A. de Sève),* PUM, Montréal, 1969, p. 181-213.

LEMIEUX, P.H., «La symbolique du *Torrent* d'Anne Hébert» *Revue de l'Université d'Ottawa,* Ottawa, vol. 43, no 1, janvier-mars, 1973, p. 114-127.

PAGE, Pierre, *Anne Hébert,* Fides, Montréal, 1965, 187 pages.

Ouvrages théoriques

BARTHES, Roland, *Mythologies,* Seuil, Paris, 1957, 247 pages.

BARTHES, Roland, *Le degré zéro de l'écriture,* Coll. Points no 35, Seuil, Paris, 1972, 192 pages.

———, KAYSER, W. BOOTH, W.C., HAMON, Ph. *Poétique du récit,* Coll. Points no 78, Seuil, Paris, 1977.

BATAILLE, George., *L'Erotisme,* Coll. 10-18, Union Générale d'Editions, Paris, 1965, 305 pages.

———, *La littérature et le mal,* NRF no 128, Paris, 1957, 247 pages.

BELLEAU, André, *Le Romancier fictif,* P.U.Q., Québec, 1980, 155 pages.

BENVENISTE, Emile, *Problèmes de linguistique générale,* Coll. Tel, Gallimard, Paris, 1966, 345 pages.

BLANCHOT, Maurice, *L'Espace littéraire,* Coll. Idées no 155, Gallimard, Paris, 1968, 379 p.

BOURNEUF, R. et OUELLET, R., *L'Univers du roman,* Coll. SUP, PUF, Paris, 1975, 248 p.

BUTOR, Michel, *Essais sur le roman,* Coll. Idées no 188, Gallimard, Paris, 1969, 184 pages.

CHARLES, Michel, *Rhétorique de la lecture,* Coll. Poétique, Seuil, Paris, 1977, 304 p.

Communications no 8, «Recherches sémiologiques.

L'analyse structurale du récit», Seuil, Paris, 1966, 171 pages.

ELIADE, Mircea, *Aspects du mythe,* Coll. Idées no 32, Gallimard, Paris, 1963, 247 p.

———, *Traité d'histoire des religions,* Payot, Paris, 1970, 390 pages.

Etudes françaises no 14 (1-2), «Le fil du récit», PUM, avril 1978, Montréal, 210 pages.

GENETTE, Gérard, *Figures I,* Coll. Point, Seuil, Paris, 1966.

———, *Figures III,* Coll. Poétique, Seuil, Paris, 1972, 273 pages.

GIRARD, René, *Des choses cachées depuis la fondation du monde,* Grasset, Paris, 1978, 492 pages.

HUMPHREY, Robert, *Stream of consciousness in the modern novel,* University of California Press, Berkeley, 1958, 129 pages.

JEAN, Georges, *Le Roman,* Coll. Peuple et Culture, Seuil, Paris, 1971, 268 pages.

LUKACS, Georges, *La théorie du roman,* Gonthier, Bibliothèque Médiations, Paris, 1963, 196 pages.

MARCOTTE, Gilles, *Le Roman à l'imparfait,* Coll. Echanges, La Presse, Montréal, 1976, 194 pages.

MORIN, Edgar, *La méthode, I. La Nature de la nature,* Seuil, Paris, 1977, 379 pages.

Poétique no 27, «Intertextualités», Seuil, Paris, 1976, 135 pages.

ROBERT, Marthe, *L'Ancien et le Nouveau,* Payot no 105, Paris, 1967, 312 pages.

———, *Roman des origines et origines du roman,* Coll. Tel, Gallimard, Paris, 1972, 364 pages.

SOLLERS, Philippe, *L'Ecriture et l'Expérience des limites,* Coll. Point no 24, Seuil, Paris, 1968, 190 pages.

TODEROV, Tzvetan, *Poétique de la prose,* Seuil, Paris, 1971, 253 pages.

————, *Qu'est-ce que le structuralisme? 2. Poétique,* Coll. Points no 45, Seuil, Paris, 1968, 111 pages.

WELLEK, René et WARREN, Austin, *La théorie littéraire,* Coll. Poétique, Seuil, Paris, 1971, 400 pages.

Cahiers du Québec

1
Champ Libre 1:
Cinéma, Idéologie,
Politique
(en collaboration)
Coll. Cinéma

2
Champ Libre 2:
La critique en question
(en collaboration)
Coll. Cinéma

3
Joseph Marmette
Le Chevalier de Mornac
présentation par:
Madeleine
Ducrocq-Poirier
Coll. Textes et Documents
littéraires

4
Patrice Lacombe
La terre paternelle
présentation par:
André Vanasse
Coll. Textes et Documents
littéraires

5
Fernand Ouellet
Eléments d'histoire
sociale du Bas-Canada
Coll. Histoire

6
Claude Racine
L'anticléricalisme dans le
roman québécois
1940-1965
Coll. Littéraire

7
Ethnologie québécoise 1
(en collaboration)
Coll. Ethnologie

8
Pamphile Le May
Picounoc le Maudit
présentation par:
Anne Gagnon
Coll. Textes et Documents
littéraires

9
Yvan Lamonde
Historiographie de la
philosophie au Québec
1853-1971
Coll. Philosophie

10
L'homme et l'hiver
en Nouvelle-France
présentation par:
Pierre Carle
et Jean-Louis Minel
Coll. Documents
d'histoire

11
Culture et langage
(en collaboration)
Coll. Philosophie

12
Conrad Laforte
La chanson folklorique
et les écrivains du
XIXᵉ siècle, en
France et au Québec
Coll. Ethnologie

13
L'Hôtel-Dieu de
Montréal
(en collaboration)
Coll. Histoire

14
Georges Boucher
de Boucherville
Une de perdue,
deux de trouvées
présentation par:
Réginald Hamel
Coll. Textes et Documents
littéraires

15
John R. Porter et
Léopold Désy
Calvaires et
croix de chemins
du Québec
Coll. Ethnologie

16
Maurice Emond
Yves Thériault
et le combat de l'homme
Coll. Littérature

17
Jean-Louis Roy
Edouard-Raymond Fabre,
libraire et patriote
canadien
1799-1854
Coll. Histoire

18
Louis-Edmond Hamelin
Nordicité canadienne
Coll. Géographie

19
J.P. Tardivel
Pour la patrie
présentation par:
John Hare
Coll. Textes et Documents
littéraires

20
Richard Chabot
Le curé de campagne
et la contestation
locale au Québec
de 1791 aux troubles
de 1837-38
Coll. Histoire

21
Roland Brunet
Une école sans diplôme
pour une éducation
permanente
Coll. Psychopédagogie

22
Le processus électoral
au Québec
(en collaboration)
Coll. Science politique

23
Partis politiques
au Québec
(en collaboration)
Coll. Science politique

24
Raymond Montpetit
Comment parler de
la littérature
Coll. Philosophie

25
A. Gérin-Lajoie
Jean Rivard
le défricheur
suivie de *Jean Rivard*
économiste
Postface de
René Dionne
Coll. Textes et Documents
littéraires

26
Arsène Bessette
Le Débutant
Postface de
Madeleine
Ducrocq-Poirier
Coll. Textes et Documents
littéraires

27
Gabriel Sagard
Le grand voyage
du pays des Hurons
présentation par:
Marcel Trudel
Coll. Documents
d'histoire

28
Věra Murray
Le Parti québécois
Coll. Science politique

29
André Bernard
Québec:
élections 1976
Coll. Science politique

30
Yves Dostaler
Les infortunes du roman
dans le Québec
du XIXᵉ siècle
Coll. Littérature

31
Rossel Vien
Radio française
dans l'Ouest
Coll. Communications

32
Jacques Cartier
Voyages en
Nouvelle-France
texte remis en français
moderne par
Robert Lahaise et
Marie Couturier
avec introduction et notes
Coll. Documents
d'histoire

33
Jean-Pierre Boucher
Instantanés de la
condition québécoise
Coll. Littérature

34
Denis Bouchard
Une lecture
d'Anne Hébert
La recherche d'une
mythologie
Coll. Littérature

35
P. Roy Wilson
Les belles vieilles
demeures du Québec
Préface de
Jean Palardy
Coll. Beaux-Arts

36
Habitation rurale
au Québec
(en collaboration)
Coll. Ethnologie

37
Laurent Mailhot
Anthologie
d'Arthur Buies
Coll. Textes et Documents
littéraires

38
Edmond Orban
Le Conseil nordique:
un modèle de
Souveraineté-Association?
Coll. Science politique

39
Christian Morissonneau
La Terre promise:
Le mythe du Nord
québécois
Coll. Ethnologie

40
Dorval Brunelle
La désillusion tranquille
Coll. Sociologie

41
Nadia F. Eid
Le clergé et le
pouvoir politique
au Québec
Coll. Histoire

42
Marcel Rioux
Essai de sociologie
critique
Coll. Sociologie

43
Gérard Bessette
Mes romans et moi
Coll. Littérature

44
John Hare
Anthologie de la
poésie québécoise
du XIXᵉ siècle
(1790-1890)
Coll. Textes et Documents
littéraires

45
Robert Major
Parti pris: idéologies
et littérature
Coll. Littérature

46
Jean Simard
Un patrimoine méprisé
Coll. Ethnologie

47
Gaétan Rochon
Politique et contre-culture
Coll. Science politique

48
Georges Vincenthier
Une idéologie québécoise
de Louis-Joseph Papineau
à Pierre Vallières
Coll. Histoire

49
Donald B. Smith
Le «Sauvage»
d'après les historiens
canadiens-français
des XIXᵉ et XXᵉ siècles
Coll. Cultures amérindiennes

50
Robert Lahaise
Les édifices conventuels
du vieux Montréal
Coll. Ethnologie

51
Sylvie Vincent et
Bernard Arcand
L'image de l'Amérindien
dans les manuels scolaires
du Québec
Coll. Cultures amérindiennes

52
Keith Crowe
Histoire des autochtones
du Nord canadien
Coll. Cultures amérindiennes

53
Pierre Fournier
Le patronat québécois
au pouvoir: 1970-1976
Coll. Science politique

54
Jacques Rivet
Grammaire du journal
politique
à travers Le Devoir
et Le Jour
Coll. Communications

55
Louis-Edmond Hamelin
Nordicité canadienne
Deuxième édition revue
Coll. Géographie

56
René Lapierre
Les masques du récit
Coll. Littérature

57
Jean-Pierre Duquette
Fernand Leduc
Coll. Arts d'aujourd'hui

58
Yvan Lamonde
La philosophie et
son enseignement
au Québec
(1665-1920)
Coll. Philosophie

59
Jean-Claude Lasserre
Le Saint-Laurent
grande porte de
l'Amérique
Coll. Géographie

60
Micheline D'Allaire
Montée et déclin
d'une famille noble:
les Ruette d'Auteuil
(1617-1737)
Coll. Histoire

61
Harold Finkler
Les Inuit et
l'administration
de la justice
Le cas de
Frobisher Bay, T.N:O.
Coll. Cultures amérindiennes

62
Jean Trépanier
Cent peintres
du Québec
Coll. Beaux-Arts

63
Joseph-Edmond McComber
Mémoires d'un bourgeois
de Montréal
(1874-1949)
Préface de
Jean-Pierre Wallot
Coll. Documents d'histoire

64
Maurice Cusson
Délinquants pourquoi ?
Coll. Droit et criminologie

65
Fernand Leduc
Vers les îles
de lumière
Ecrits (1942-1980)
Coll. Textes et Documents
littéraires

66
André Bernard et
Bernard Descôteaux
Québec: élections 1981
Coll. Science politique

67
Franklin K.B.S. Toker
L'église Notre-Dame
de Montréal
son architecture,
son passé
Traduit de l'anglais
par Jean-Paul Partensky
Coll. Beaux-Arts

68
Chantal Hébert
Le burlesque
au Québec
Un divertissement
populaire
Préface de
Yvon Deschamps
Coll. Ethnologie